西南大学农林经济管理一流培育学科建设系列丛书（第一辑）

西南大学学科建设专项经费、教育部人文社会
科学项目（16YJC790124，16YJC790146）资助

中国对美农产品出口贸易发展研究

姚爱萍 ◎ 著

中国财经出版传媒集团
中国财政经济出版社

图书在版编目（CIP）数据

中国对美农产品出口贸易发展研究 / 姚爱萍著．—北京：中国财政经济出版社，2018.3

（西南大学农林经济管理一流培育学科建设系列丛书．第一辑）

ISBN 978－7－5095－8003－5

Ⅰ．①中…　Ⅱ．①姚…　Ⅲ．①农产品－出口贸易－研究－中国②对外贸易－中美关系－研究　Ⅳ．①F752.652②F752.771.2

中国版本图书馆 CIP 数据核字（2018）第 003030 号

责任编辑：杨　骁　　　　责任校对：胡永立

中国财政经济出版社 出版

URL：http：//ckfz.cfeph.cn

E－mail：cfeph@cfeph.cn

社址：北京市海淀区阜成路甲 28 号　邮政编码：100142

营销中心电话：010－88191537

天猫网店：中国财政经济出版社旗舰店

网址：https：//zgczjjcbs.tmall.com

北京财经印刷厂印刷　各地新华书店经销

880×1230 毫米　32 开　5 印张　130 000 字

2018 年 6 月第 1 版　2018 年 6 月北京第 1 次印刷

定价：30.00 元

ISBN 978－7－5095－8003－5

（图书出现印装问题，本社负责调换）

本社质量投诉电话：010－88190744

打击盗版举报热线：010－88191661　QQ：2242791300

前言

中国是传统农业大国，农产品贸易在国民经济发展中占有重要的地位。中国《农产品出口“十一五”发展规划》着重解决影响农产品生产和贸易的一系列重大政策问题，为进一步促进农产品出口奠定了基础。中国“十二五”规划纲要明确提出“坚持走中国特色农业现代化道路，把保障国家粮食安全作为首要目标，加快转变农业发展方式，提高农业综合生产能力、抗风险能力和市场竞争能力”。中国“十三五”规划纲要也明确提出“要健全农产品贸易调控机制，扩大优势农产品的出口，培育有国际竞争力的农业跨国公司”。国家连续几年出台支持农业生产、促进农村经济发展的优惠政策，农业生产能力、产业化、现代化水平显著提高，为农产品出口创造了良好的政策环境和贸易环境。但是，随着农业国际化与贸易自由化程度的提高，国际农产品市场竞争越来越激烈，中国农产品出口面临着严峻挑战。

美国是世界上农产品生产和贸易大国，目前美国已成为中国第四大农产品出口市场、第一大农产品进口市场，是中国重要的农产品贸易伙伴。虽然中美农产品贸易规模增长较快，但是相比于工业制成品贸易，中美农产品贸易额占整个中美双边贸易额比重较低，且中美农产品贸易还存在中国对美持续农产品贸易逆差。因此，从长远来看，美国也是我国农产品出口最具增长潜力的市场之一，我国农产品贸易的发展不能忽视美国市场的影响。

对美国农产品出口贸易问题的研究将进一步推动我国农产品出口贸易的发展。

本书以国际贸易理论、国际竞争理论、相关需求理论为依据，并在已有研究成果的基础上，结合本研究的实际，首先分析了中美农产品贸易现状，提出促进中国对美农产品出口贸易的发展的必要性。随后用 Spearman 等级相关系数、收益性结构变动指数、劳伦斯指数分析了中国农产品出口结构与美国农产品需求结构是否匹配；用出口相似度指数和转移份额法探讨了中国对美农产品出口竞争力的国际比较；用构建的单边出口贸易成本模型衡量了中国对美农产品出口贸易成本；用 CMS 模型分析了影响中国对美农产品出口贸易增长的因素。研究结论表明：中国对美农产品出口结构与美国农产品进口需求结构匹配性不强，但变化较一致，变动幅度不大，稳定性较强；中国农产品虽然在美国市场上所占份额不高，面临着来自于诸多发展中国家激烈竞争，尤以泰国为甚，但中国农产品具有较强竞争力，排名第二，仅次于墨西哥；加入 WTO 后，中国对美农产品出口贸易成本呈先降后升的趋势，虽然整体变化幅度缓慢，但与其他美国主要进口国相比，下降幅度较大，仅次于印度。中国对美农产品出口成本下降对中国对美农产品出口贸易增长贡献率较大，且中国对美农产品出口贸易成本高于制造业产品出口贸易成本；美国农产品需求的变化和中国对美农产品出口竞争力是影响中国对美农产品出口贸易增长的重要因素。本书最后围绕着提升中国对美农产品出口结构调整能力、提高中国对美出口竞争力、降低中国对美农产品出口贸易成本方面提出了促进中国对美农产品贸易发展的对策建议。

姚爱萍

2018 年 3 月

目 录

绪　　论

1.1　研究背景、目的和意义

1.1.1　研究背景

改革开放以来，中国农业生产取得了长足的发展，农产品贸易规模及其在国际市场上的影响力不断增大。据中国商务部统计，2016年中国农产品贸易总额为1832.3亿美元。其中，出口726.1亿美元，进口1106.1亿美元，中国已经成为世界农产品贸易大国之一。

(1) 农产品贸易对中国经济发展日趋重要。中国是农业大国，农业发展的好坏、农产品生产与贸易状况对于农民来说直接关乎自己的切身利益，如家庭收入、就业等。农产品贸易的发展一方面可以巩固农业的基础性地位，另一方面可以促进农业资源的优化配置。中国土地密集型农产品进口可以弥补国内资源不足，而出口较有优势的农产品可以促进农业增值增效、农民就业增收。与此同时，农产品贸易还可以带动资金、技术、管理经验等先进生产要素的引进，加快现代农业发展步伐。随着中国农产品贸易的快速发展，其对农业产业发展、农民增收、农产品供给的作用和影响日益扩大。

（2）中国农产品贸易正面临着国际市场的机遇和挑战。从2001年12月11日中国正式加入WTO到现在已有十多个年头，中国农业所面临的国际环境发生了重大变化，农产品贸易按照国际通行规则运行。同时随着经济全球化深入发展，农业国际化得以成为经济全球化的重要组成部分。中国自2005年起已成为仅次于欧盟、美国的第三大农产品贸易国。这说明中国已成为世界农产品贸易发展的重要推动力量，同时中国农产品贸易发展也越来越受全球性因素的影响。中国农产品品质、农产品市场、农业劳动生产率、农业产业结构正面临着国际市场的机遇和挑战。当前，世界各国都在努力调整自己的生产方式和贸易结构，通过发展对外贸易带动本国经济持续快速增长，为了实现资源优势互补，中国农业也必须积极参与国际分工，从而促进本国经济增长。随着中国农产品贸易自由化进程的推进，越来越多的国家农产品进入中国市场，并显现出强大的竞争力，如美国，中国已经成为美国农产品第一大进口国，美国的大豆、棉花等在中国市场上都具有很强的竞争力。

（3）美国是中国非常重要的农产品贸易伙伴。加入WTO以来，中美农产品贸易大幅度增长。据中国商务部数据显示，中美农产品贸易总额从2001年的35.01亿美元上升到2016年的312.03亿美元，增长近9倍。中美农产品贸易增速也非常快，2001—2016年年均增速达到20%，其中，2003年和2008年最快，增速超过 50%。目前，美国已成为中国第四大农产品出口市场、第一大农产品进口市场，可见美国是中国非常重要的农产品贸易伙伴。

（4）农产品贸易在中美双边贸易中所占比重较小。虽然中美两国农产品进出口额持续增长，增速也非常快，但与中美双边贸易相比，规模依然不大。根据中国商务部数据显示，2001—2016 年，中美农产品贸易占双边贸易总额的比重呈先降后缓慢上升再下降趋势，但比值一直都比较小，2001 年该比重为 2.72%，2004 年下降到仅为 1.69%，此后呈现缓慢上升趋势，2012 年最高但也只有 5.54%，仅占中美贸易额的 1/20 左右，相比于工业产品贸易，所占比重非常小。

（5）中国对美农产品逆差且规模不断最大。中美农产品高速发展的同时，也呈现出中美农产品发展不平衡的特点，即在中美农产品贸易中，中国一直处于贸易逆差（除 2004 年小额顺差约 4.8 亿美元外），且贸易逆差逐年扩大，从 2001 年的约 11 亿美元上升到 2016 年的近 165 亿美元。逆差增幅也较快，尤其是 2007 年、2008 年增幅超过 200%。中国是一个传统的农业大国，美国是一个工业发达的国家，也是世界上最大的农产品进口国之一，中国对美农产品贸易却出现逆差，这不得不引起一些学者对中国对美农产品出口贸易的关注。

（6）中国对美农产品出口遭受多重壁垒。美国是推行贸易自由化的国家，经过 GATT 和 WTO 多轮贸易谈判，美国整体的关税水平下降明显，特别是工业制成品，从 20 世纪 40 年代的 40% 下降到 70 年代的 4%，到现在的不足 2%。但对农产品进口征税幅度依然较高，平均关税超过 30%。有的农产品进口关税非常高，如烟草的关税就高达 350%。美国还对包括纺织品、乳制品、食糖等多个类别 195 个税目的农产品实施关税配额。除此之外还有技术贸易壁垒、绿色贸易壁垒、反倾销、反补贴等。中国对美农产品出口遭受多重壁垒，严重影响中国对美农产品出口贸易发展。

1.1.2 研究目的

从以上的研究背景，我们不难看出，中国对美农产品高速发展的同时，呈现出农产品贸易比重占整个中美农产品贸易比重较小和中国对美农产品贸易持续逆差且逆差额不断增大的局面。要想改变这个局面，我们认为必须促进中国对美农产品出口贸易发展。鉴于本书的研究目的就是从多角度探讨中国对美农产品出口贸易存在的问题，提出促进中国对美农产品出口贸易的对策建议，并为中国与其他国家开展农产品贸易提供借鉴，从而促进中国农产品对外贸易水平的提高，增强中国经济实力，推进中国经济快速、稳定、全面的发展。

1.1.3 研究意义

（1）理论意义

①农产品和农业是国民经济的基础，是人类社会生存和发展的前提，是工业化的资源源泉，农产品是国际贸易的重要商品，因此农产品贸易领域的研究是国际贸易研究领域的一个重要分支。本书将国际贸易理论、国际竞争力理论、相关需求理论有机地结合起来，对中国对美农产品出口贸易发展进行定性和定量分析，从理论上深化中国对美农产品出口贸易发展的研究。

②学者们对国际竞争力理论研究时间不长，且很多的研究都是从宏观层次进行，如对国家竞争力的研究，还有针对产品竞争力的研究，尤其是农产品国际竞争力的理论研究不多。因此，本书研究的理论意义在于，通过相关方法和指标对中国对美农产品

出口竞争力的衡量和评价，将国际竞争力理论特色化，较好地综合国际竞争力理论和比较优势理论。

③在传统的贸易理论中，贸易成本几乎完全被排除在外了，而在已有的贸易成本研究中，很多的研究都关注于双边贸易成本，对单边贸易成本的研究很少，有关中国对外贸易的单边贸易成本研究更少。本书研究了中国对外贸易的单边贸易成本即中国对美农产品出口贸易成本，这在现有的研究中不多见，因此，较好地丰富了农产品出口贸易研究内容。

④通过对中国对美农产品出口贸易发展进行研究，可以帮助人们较好地了解中国农产品在美国市场上的地位和作用，为制定促进中国农产品出口贸易对策提供理论依据。

（2）现实意义

①促进中国对美农产品出口贸易的发展。农业历来被认为是国民经济的基础，是关系国计民生的部门，农业在一国经济发展中具有不可替代的作用。在中国，政府提出三农政策，重视和支持农业的发展，农产品贸易无疑是促进中国经济发展的一个重要的突破口。美国作为世界上最发达的国家已经成为中国对外贸易与经济合作的一个不可忽视的伙伴。中国对美农产品出口贸易发展问题的研究将进一步促进中国对美农产出口贸易的发展，促使中美农产品贸易走向稳定、健康、持续发展的道路。

②有利于促进中国农业现代化，增加农民收入。在农业国际化竞争中，农产品供求结构性矛盾已成为中国新阶段农业发展的主要制约因素，而市场需求是农业结构调整的动力和导向。充分利用国际、国内两个市场可以在更大的范围内进行结构调整，有利于中国农业和农村经济结构的优化，进一步促进中国现代农业经济的发展。随着中国与美国农产品贸易关系的日益密切，中国对美农产品出口贸易的研究对解决中国部分农产品过剩问题以及

增加农民收入，具有一定的指导意义。同时，有关提高农产品竞争力的研究对于保障中国农业产业安全和国民经济安全具有不可忽视的战略意义。

③对中国农产品出口贸易发展提供有益的启示和建议。在大部分国家，尤其是发达国家，农业部门均受到相对于其他部门更大程度的保护。在经济全球化进程中，农产品贸易是受贸易保护最多的领域，存在着严重的贸易扭曲，这一点不仅体现在各国农业和贸易政策中，更体现在 WTO 的谈判中，有关农产品贸易领域的问题，发达国家和发展中国家一直达不成统一意见。本书针对中国对美农产品出口贸易发展的状况及存在的问题进行全面、系统的分析，提出促进中国对美农产品出口贸易发展的措施建议，力求为中国对美以及其他国家农产品出口贸易的发展提供有益的启示和建议。

总之，本书中的研究有助于进一步完善中国对美国农产品出口的理论和方法，同时研究成果能够为政府有关部门制定切实可行的农产品贸易政策提供理论和客观依据。书中相关分析以及提出的对策和建议能够指导中国政府、行业组织、农产品生产经营者更好地面向美国及世界市场开展农产品贸易，促进农产品生产和贸易结构合理化。

1.2　农产品定义及范围

农业是人类有目的地种植植物或畜养动物，生产出有用农作物或牲畜的产业，被划分在第一级产业。广义的农业包括农作物种植业、林业、畜牧业、副业及渔业，狭义的农业只指种植业。农业属初级生产，为人类最大和最重要之经济活动之一。农产品主要指来源于农业的初级产品，即在农业活动中获得的动物、植物、微生物及其产品，也包括食品（如动物性、植物性、食用菌类）、纤维、饲料、药材等。对于农产品的具体范围，不同的国际组织分别从不同的方面进行了界定。

1.2.1　世界贸易组织的定义及范围

世界贸易组织（World Trade Organization，WTO）的《农业协议》（Agreement on Agriculture，AOA）是世界贸易组织管辖的一项多边贸易协议，由前言和13个部分共21条及5个附件组成，其中附件1规定了农产品的范围。主要有：①HS协调制度第1章至第24章除去第3章的鱼及鱼产品；②HS协调制度编码2905.43（甘露糖醇），HS编码2905.44（山梨醇），HS税目33.01（精油），HS税目35.01—35.05（蛋白类物质、改性淀粉、胶），HS编码3809.1（整理剂），HS编码3824.60（2905.44以外的山梨醇），HS税目41.01—41.03（生皮），HS税目43.01（生毛皮），HS税目50.01—50.03（生丝和废丝），HS税目51.01—51.03（羊毛和动物毛），HS税目52.01—52.03（原棉、废棉和已梳棉），HS税目53.01（生亚麻），HS税目53.02（生大麻）。世界贸易组织的《农业协议》中的农产品是其约束的农产品，把水产品及其制品排除在外，也不包括林产品。之所以不包含水产品及林产品，是因为在WTO内有其他的工作机构执掌其多边贸易问题。《农业协议》定义的农产品范围的缺点是使用比较麻烦，而且不包含鱼及鱼产品在内。

1.2.2　UNCTAD定义及范围

联合国贸易与发展会议（United Nations Conference on Trade and Development，UNCTAD）颁布的“标准国际贸易分类”

(SITC) 制定了农产品的范围。根据 STTC，农产品范围包括两个部分：食品 (food) 和农业原料 (agricultural raw material)，包括属于 SITC 分类第 0、1、2、4 类中的全部商品减去第 2 类中的第 27、28 章的商品。即第 0 类（食品及活动物），第 1 类（饮料及烟类），第 2 类（非食用原料，燃料除外），第 4 类（动植物油、脂及蜡）中的全部商品，减去第 27 章（天然肥料及矿物，煤、石油及宝石除外），第 28 章（金属砂矿及金属废料）的商品。

1.2.3 FAO 定义及范围

虽然直至现在对农产品范围的规定和理解没有一个统一的标准，但一般认为农产品有广义和狭义农产品之分。其中广义农产品包括：农作物（粮食和经济作物）、林产品、畜产品、水产品；狭义农产品则不包括林产品和经济作物中的橡胶、纤维等，主要指粮食、畜产品、水产品，以及经济作物中的油料作物、饮料作物和糖类作物。联合国粮食及农业组织 (Food and Agriculture Organization of the United Nations, FAO) 对农产品的定义范围相对狭窄，仅包含狭义的农产品，把水产品及林产品排除在外。FAO 把初级农产品分为 20 个产品组（谷物、畜产品、蔬菜、水果等），再在其基础上分为若干大类，所有的农产品都可以通过这 20 个产品组归类，然后把农业按照这种划分分为 20 个部门。

1.2.4 中国目前使用的定义及范围

中国经常所说的农产品一般为初级农产品，不包括经过加工的各类产品，即是指种植业、畜牧业、渔业产品，包括烟叶、毛茶、食用菌、瓜果蔬菜、花卉、苗木、药材、粮油作物、牲畜、禽、兽、昆虫、爬虫、两栖动物类、水产品、林业产品及上述所列的种子、种苗、树苗、竹秧、种蛋、种禽、种畜、水产品的苗或种（秧）、花籽、食用菌的菌种等。

第十届全国人民代表大会常务委员会第二十一次会议通过的《中华人民共和国农产品质量安全法》所指的农产品是指“来源于农业的初级产品，即在农业活动中获得的植物、动物、微生物及其产品”。中国商务部在《中国农产品进出口月度统计报告》中将农产品定义为，“WTO《农业协议》口径 + 水海产品”。虽然在统计上中国海关总署统计部门采用 HS 分类对所有的国际贸易商品进行尽可能详细的分类和统计计算，但目前国内最常用的农产品的定义及范围为 WTO《农业协议》约束的农产品加上水海产品。

1.2.5　本文所研究的农产品范围

考虑到本书的研究目的、数据获取及处理的便利，本书在理论分析中，涉及中国农产品贸易纵向比较的数据部分采用的是中国商务部统计口径。而在实证分析中，由于涉及具体类别农产品横向比较即与其他美国农产品主要进口国进行相关比较，因此，采用数据较齐全的 HS 分类标准中 1—24 章（1—4 类）的所有农产品（见表 1 - 1）。虽然有两个统计口径，但对研究结果不产生影响。

表 1 - 1　　HS 分类中的农副产品分类

代码	农副产品	代码	农副产品
HS01	活动物	HS13	虫胶、树胶、树脂及其他植物液、汁
HS02	肉及食用杂碎	HS14	其他植物产品

续表

代码	农副产品	代码	农副产品
HS03	鱼及与鱼产品	HS15	动、植物油、脂
HS04	奶制品	HS16	肉类制品
HS05	其他动物产品	HS17	糖及糖食
HS06	活植物	HS18	可可及可可制品
HS07	食用蔬菜、根及块茎	HS19	谷物、淀粉及面粉制品
HS08	食用水果及坚果	HS20	蔬菜、水果、坚果或植物其他部分的制品
HS09	咖啡、茶、马黛茶及调味香料	HS21	可实用杂项制品
HS10	谷物	HS22	饮料、酒及醋
HS11	制粉工业产品	HS23	食品工业的残渣及废料
HS12	油籽、籽仁	HS24	烟草及烟草制品

资料来源：协调商品名称和编码制度。

1.3 文献综述

1.3.1 出口市场结构的研究

(1) 出口市场结构与出口波动的关系。国外一些学者主要从总量层面上对发展中国家出口市场集中度与出口波动之间的关系进行分析，实证结果表明出口市场集中度与出口波动之间没有显著的关系。如 Coppock (1962)、Massel (1964)、Mac - Bean (1966)、Tegene (1990)。还有一些学者利用时间序列分析方法来研究出口波动问题，研究表明随着国民经济的发展，出口波动受出口市场结构的影响不断减弱。如 Love（1990）、Wislon（1994）等。而 Massell（1964，1970）分析认为一般而言，若一国出口目的地足够分散，某一个出口地的需求对于整体国际市场的影响可预期从其他地区得到补偿，从而使本国的贸易不会由此受到很大冲击；然而如果出口市场过度集中于某些市场，则单一出口伙伴国的需求波动，将对一国的出口造成很大的影响。刘卫江（2002）衡量了 1981—1999 年出口波动，研究发现中国出口稳定性受出口市场集中度的影响不显著。刘靖等（2006）认为中国农产品出口贸易地理结构相对集中，并认为农产品出口对新市场开拓不够。徐颖军（2006）实证研究表明中国出口市场结构对出口不稳定性有显著的负面影响，而出口趋于稳定主要得益于出口产品的多样化以及出口市场分散化策略的推行。强永昌、龚向明（2011）研究结果表明由于行业出口波动差异、出口集中度的“U”形特征、贸易政策等因素的影响，使得出口集中度和出口波动呈现阶段上的一致性和整体上的不一致。

（2）出口市场结构与出口潜力研究。当一国出口市场结构存在不合理的情况下，势必存在提高某些国家的出口份额或者分散对外出口，扩大对某些市场的出口份额即某些市场存在出口潜力。在国际贸易领域的研究文献中，测算出口潜力的研究方法主要有两种，即可计算一般均衡模型和引力模型。相比较，引力模型不仅具有形式简单、数据要求低的优点，而且能揭示影响贸易潜力的具体因素，实际应用更为广泛。最早将引力模型应用于国际贸易研究的是 Tinbergen（1962），他指出两国的双边贸易与各自的经济总量呈正比，而与相互的地理距离呈反比。Linnemann（1966）等人将人口、人均收入、汇率以及多个虚拟变量纳入引力模型中，进一步丰富了模型的内涵，提高了测算结果的准确性。Anderson（1979）及其他学者从均衡理论、贸易理论等角度对引力模型进行理论上的证明。Hamilton and Winter（1992）利用扩展的引力模型测算了欧盟东扩的贸易潜力。Lehmann 等人（2005）利用调适后的引力模型测算了智利对欧盟的出口潜力，在模型中分析了自由贸易协定、价格竞争力、交通成本等因素对出口潜力的影响，并对主要商品的出口潜力做了进一步的比较研究。借鉴国外的研究方法，国内学者也曾对中国的出口潜力进行过多方位的估算。盛斌和廖明中（2004）基于 2001 年的截面数据和扩展的引力模型，从总量和部门两个层次就中国对 40 个主要贸易伙伴的出口潜力进行估算。赵雨霖和林光华（2008）利用修正的引力模型，以 2000—2006 年的面板数据测算了中国对东盟的农产品出口潜力。张会清、唐海燕（2011）通过考察 2000—2008 年间中国对 120 个贸易伙伴国（地区）的商品出口数据，基于扩展引力模型的面板数据计量方法，揭示了我国出口潜力的地区分布与历史演变特征，并测算了后危机时期中国的出口潜力。

（3）出口市场结构与农产品贸易绩效的研究。Buckley et al.（1998）首次定义了贸易绩效的概念，可赢利性和市场份额被认为是衡量贸易绩效的主导指标。Boyle，G. E（2002）和 F. S. Thorne（2005）也做了相关阐述。杜红梅、刘文莉（2001）认为中国农产品过分集中的市场格局，使出口容易受到某些国家贸易保护主义措施的冲击，而进口则容易受到主要出口国国内政治经济的影响，从而制约中国农产品贸易的发展。帅传敏（2003）研究表明中国农产品国际竞争力呈下降趋势，其主要原因是农产品出口的产品结构欠优和市场结构单一。黄锦明（2005）在论述“入世”后中国发展农产品出口的思路时，也主张优化中国农产品进出口市场结构，实现进口市场的多元化。此外周井娟（2009）、郑坚（2010）、徐鸣哲（2011）、冯鑫明等（2012）也做了相关研究。

1.3.2 农产品国际竞争力问题的研究

（1）农产品国际竞争力的界定。要准确定义农产品国际竞争力离不开对国际竞争力定义的把握。对于国际竞争力经济学家和政策制定者们一直存在争论，至今没有形成一个统一的认识，也没有形成一个无歧义的定义，在现有的文献中，存在着有许多关于国际竞争力的不同定义（Christian Fischer & Sebastian Schornberg，2007）。如世界经济论坛（WEF），洛桑国际管理发展研究院（IMD），波特，Canada's Task Force on Competitiveness in the Agri – Food Sector，Miramom，Isabelle D. C.（1991）、Larry Martin，Randall Western & Erna Van Duren（1991）、Changing Chen，Stangly M. Fletcher，Ping Zhang and Dale H. Carley（1997）、Randall D. Schnepf，Erik Dohlman and Christine Bolling（2001）等都从不同的角度对国际竞争力内涵进行阐述。柯炳生（2003）认为农产品竞争力由价格竞争力、质量竞争力和信誉竞争力三个方面构成。王永德（2009）将农产品国际竞争力定义为一国农产品在赢利状态下在国内外市场获取并保持市场份额的可持续能力。谢国娥等（2011）将农产品国际竞争力界定为一个国家的农产品参与国际市场竞争并能够持续获取利润的能力，这种能力更多地由一国农产品的出口能力所决定。

（2）农产品国际竞争力的衡量指标。国际竞争力的研究重点在于测量和预测以及国际比较应用上（A Lara，P. W. Kelly and B. Lynch，2001）。但是要很好地衡量国际竞争力很难。因为没有一个单一指标能够满足包括所有参与竞争部门，包括所有开放竞争的市场，还能基于进行充分国际比较的数据基础上（Matinee Durand and Claude Gerona，1987）。因此，已有的研究从各个视角开发了诸多指标，并希望以某个指标或其组合来衡量国际竞争力。如赢利性与市场份额（Larry Martin 等，1991、Joseph C. Salvager，1996、Klaus Forsberg 等，1997、Bosanko 等，2000、EU Commission，2005、Christian Fischer 等，2007、刘志雄等，2011、马颖等，2011）；成本（Klaus Forsberg 等，1997、Randall 等，2001、Christian Fischer 等，2007、Pat Dillon 等，2008、黄亚雄等，2010）；劳动生产率（Sumner，1986、Hopkins 等，1996）；组合指标（Halo Liu，2004、F. S. Thorne，2005、Krijin Juppe 等，2007、庞守林，2004、杜红梅等，2008、王永德，2009、陈昌洪，2010）。

（3）农产品国际竞争力的衡量方法。衡量一种产品的国际竞争力的具体方法有：成本法和收益法。前者是假定产品质量相同，按生产成本最小化原则来度量生产优势，后者按经济收益最大化原则进行度量（帅传敏、程国强和张金隆，2003）。而在分析农产品国际竞争力时，常用的方法有：CMS（Constant Market Share Analysis，CMS）即恒定市场模型分析方法，Bowen and Perlman（1984）、Kevin Z. Chen 等（2001）、Asian Development Bank（2002）、帅传敏等（2003）、陈建军等（2004）、孙林（2005）、李岳云等（2007）、王永德（2009）、耿晔强（2009）、周井娟（2010）等用此方法对农产品国际竞争力进行了相关分析；RCA（Revealed Comparative Advantage）和 TC（Trade Competitive Index）即比较优势和竞争优势分析方法。Dresher & Mauer（1999）、Traill & Dasilva（1996）、厉为民（1999）、帅传敏等（2003）、屈小博等（2007）、张振等（2011）、Maria Crescimanno，Antonino Galati（2012）等用这类方法进行了相关分析；GTAP（Global Trade Analysis Project）即全球贸易分析模型，该方法是根据新古典经济理论设计的多国多部门应用一般均衡模型。由美国普渡大学教授 Thomas W. Hertel 所领导的全球贸易分析计划发展而来的，目前已被广泛应用于贸易政策之分析。田维明（2000）、程国强（2005）、Krijin J. Poppe，Jo H. M. Wijnands，Bernd M. J. van der Meulen and Harry J. Bremmers（2007）采用此方法进行了分析；NPC（Nominal Protection Coefficient）即名义保护系数，是几个衡量国际竞争力常见方法中使用较广泛的一个，Corden（1971）、Balassa and Achydlowsky（1972）、Gulati 等（1990）、Taylor and Philips（1991）、Chand（1999）、Kumar et al.（2001）、Rakotoarisa and Gulati（2006）、Anjani Kumar（2010）等用此方法对农产品国际竞争力进行了分析。

此外，周孝味（1996）采用灰色层次分析法，谢国娥等（2011）采用层次分析法（AHP）、Jane L. Hsu 和 Joyce J. Wann（2001）通过市场调查的方法等从不同角度分析了农产品国际竞争力。

（4）农产品国际竞争力的影响因素。对于农产品国际竞争力的影响因素，国外大多数学者从实证方面进行了研究，如 Joseph C. Salvacruz（1996）通过回归分析认为国际竞争力受利率、劳动力可得性和由对外援助、FDI 以及农场规模驱动的内生技术进步的影响。Thomas S. Jayne and Nicholas Minot（1989）认为食品安全政策的实施会提高农产品的质量，因此最终会提高农产品国际竞争力。Nicholas G. Kalaitzandonakes（2000）的检测表明，农业生物技术进步在短期内对于国际竞争力的影响不大，而长期则会带来竞争优势。Randall D. Schnepf，Erik Dohlman & Christine Bolling（2001）认为，商品市场上的竞争力反映了多种不同因素的影响，这些因素包括相对资源禀赋和农业气候条件，也包括宏观经济政策，部门特定政策，储存和运输的基础设施和使市场更有效运行的支撑机构和制度。Rmaey and Scarlett（2002）认为可以通过制度创新来增强食品安全与提高国际竞争力。Mark R. Metcalfe（2002）分析了环境规制对美国和加拿大猪肉出口贸易竞争力的影响。Abdulkudos Ahmed Almarwani（2003）考察了美元汇率及其波动性对美国农产品出口竞争力的影响。

国内也有学者从实证方面进行研究的，如陈继勇、隋晓锋（2009）通过建立国际贸易中的产品相对竞争力模型，实证分析了实际汇率变动、收入效应、人口增长等因素对中美各类农产品贸易相对竞争力的影响。张振和乔娟（2011）通过构造多元计量统计模型，实证研究影响猪肉产品竞争力因素的变动情况。但国内大多数学者偏重于理论层面，认为农产品国际竞争力受成本、质量、政策体制、生产结构、贸易保护制度、国内支持等因素的影响，如戴思锐（2003）、翁鸣等（2003）、李春海（2004）、潘伟光（2005）、侯杰（2006）、辛毅等（2007）、黄亚雄等（2010）等。

1.3.3 贸易成本的研究

（1）贸易成本的测定。贸易成本的测定主要涉及贸易成本测定的方法和贸易成本测定的模型。

①贸易成本测定的方法。测度贸易成本的方法大致有两种：直接测度法和间接测度法。直接测度法主要通过三种途径来测度。第一，通过运输价格获得贸易成本（Hummels，2001、Limão and Venables，2001）。第二，以海关关税数据度量贸易成本。第三，以国际货币基金组织（IMF）提供的双边总体贸易的到岸价格/离岸价格（CIF/FOB）比率来获得贸易成本。直接测度法度量简单，但无法反映总体贸易成本，因而已较少使用，学者开始更多地探求间接测度法。间接测度法主要有价格指数法和贸易流量法。价格指数法因国际数据难以获得，故大多用于度量

国内贸易成本。贸易流量法利用贸易成本对贸易流量的影响，“事后”推算出贸易成本。该方法最初是基于传统的引力模型（Mccallum，1995、Rose，2000），但该方法存在三个缺陷：第一，该方法事前决定贸易成本的基本构成，并将其纳入引力模型进行回归分析，这会导致因遗漏贸易成本变量而使结果有偏。第二，传统引力模型缺乏理论基础，无法进行消除有关贸易壁垒效应的比较静态分析。第三，传统引力模型没有考虑多边阻力的影响。

②贸易成本测定的模型。鉴于在传统引力模型基础上测算贸易成本的缺陷，以 Anderson 和 Wincoop（2003）为代表的一些学者对传统引力模型进行了改进，建立了一个具有微观基础的一般均衡模型，基于该模型所测算的贸易成本可以将贸易成本由事前决定变为事后决定，同时引入了多边阻力项，可以用该模型进行分析（Novy，2006）。此后 Novy（2008，2011，2013）对模型进行多方改进和完善。Anderson 和 Wincoop（2003）、Novy（2011）的表达式分别为下列（1）、（2）式：

$$X_{ij} = \frac{Y_i Y_j}{Y_w}\left(\frac{t_{ij}}{\Pi_i P_j}\right)^{1-\sigma} \tag{1}$$

$$\tau_{ij} = \left(\frac{t_{ij}}{t_{ii}} \cdot \frac{t_{ji}}{t_{jj}}\right)^{\frac{1}{2}} - 1 = \left(\frac{X_{ii}}{X_{ij}} \cdot \frac{X_{jj}}{X_{ji}}\right)^{\frac{1}{2(\sigma-1)}} - 1 \tag{2}$$

Novy（2011）不仅克服了传统引力模型缺乏微观基础及对称性的缺点，而且使其同时具有比较优势理论基础和异质性企业贸易理论基础，该方法是目前国内外测度贸易成本最具有理论基础的前沿方法。

Anderson 和 Wincoop（2003）、Novy（2006，2008）、Jacks 等（2011）、钱学峰和梁琦（2008）、许德友和梁琦（2010）、许统生等（2010）、许统生等（2011，2012）都用上述模型或改

进前的模型对相关贸易成本做过测定，但实践中也显现出了一些缺陷：第一，Novy 方法计算的是双边进出口贸易成本的几何平均值，因而丢失了出口和进口贸易成本差异信息，进而降低了参考价值。国与国之间进出口双向贸易成本有时差异很大，而这往往是贸易政策制定的重点考虑方向；第二，Novy 方法计算贸易成本利用贸易伙伴各自国内贸易数据，而一国产出中留在国内消费部分在实践中很难得到准确数据，包括 Novy 在内的学者在研究中借鉴魏尚进的构造方法，将市场出清的国内贸易表达为总产出减去总出口，再从经合组织（OECD）数据库中取得产出数据。此数据因涉及不同口径的数据库，以及加工贸易和转口贸易不易于操作等问题，因此往往直接用 GDP 数据来代替，它在相对变化趋势的测度上并不会产生本质的扭曲（Yann Duval 和 Chorthip Utoktham，2011）。

（2）贸易成本对贸易增长的效应研究。Krugman（1995）、Freenstra（1998）认为贸易成本的下降是第二次世界大战后世界贸易快速增长的原因之一。Baier and Bergstrand（2001）研究了 1958—1988 年间 16 个 OECD 国家贸易增长的原因。实证分析的结果表明，67% 来自于收入的增长，25% 来自于关税的下降，8% 来自于运输成本的下降。David（2008）认为 1870—1913 年，贸易成本的下降对世界贸易增长的贡献达到 50% 以上，1950—2000 年贸易成本的下降对世界贸易增长的贡献率降为 33% 左右。

20 世纪 90 年代以后，国际垂直专业化分工与贸易的迅速发展引起了理论界的普遍关注。目前，垂直专业化贸易是国际贸易的主要形式之一，而贸易成本的降低被认为是垂直专业化贸易发展的催化剂。Dixit 等（1982）、Dear Dorff（1998）、Ardnt（2000）、Hanson 等（2003）、Yi 等（2003）、Jones & Kierzkowski 等（2001，2004，2005）、Athukorala 等（2006）、卢峰（2004）

等，都从贸易成本的角度探讨过对垂直专业化贸易增长的影响。

1.3.4 影响国际贸易发展的因素研究

（1）危机对国际贸易的影响。Glick 和 Rose（1999）的研究结论证实，国家之间贸易联系是金融危机的重要传染途径，亚洲金融危机带来包括中国在内的多数国家出口贸易下降；Coughlin 和 Pollard（2000）使用计量经济学模型测算了国际金融危机对一个国家出口贸易的影响程度，模型测算证明出口贸易过分依赖东亚国家市场的国家，受到国际金融危机的影响最严重；Gnan 和 Mooslechner（2008）在研究美国次贷危机对奥地利出口贸易的影响时发现，美国次贷危机引起的世界市场大萧条使其出口贸易预期恶化，出口贸易前景堪忧；国家计委宏观经济研究院课题组（1995）的研究认为，除汇率贬值造成的短期效应外，世界经济增长速度放慢所引起的外部需求下降，结构调整性政策引起的外部需求和供给结构变动以及多边贸易战略调整，都将对我国出口贸易长期竞争力产生负面冲击；中国科学院金融避险对策研究组（1998）的研究报告发现，在亚洲金融危机爆发后，我国出口贸易增长率大幅下降。此外牛宝俊等（2000）、李俊和王立（2008）、李细满（2008）、钟钮和秦富（2008）、陈华和赵俊燕（2009）、李增广（2009）、王会强（2010）、陈学彬和徐明东（2010）、金洪飞等（2011）从理论上分析了金融危机以及欧债危机会通过影响企业融资、影响外部需求、影响实际汇率和影响贸易政策制定等多个途径对我国的进出口贸易造成冲击；裴平等（2009）、董大朋等（2010）、胡求光和李洪英（2010）、郑宝银和林发勤（2010）、全世文和曾寅初（2013）、陈守东和刘琳琳（2013）等实证研究结论表明金融危机和欧债危机在短期内都对我国的出口贸易造成了非常显著的消极影响。

（2）文化因素对国际贸易的影响。Di Maggio and Zukin（1990）研究发现文化差异对全球市场经济活动有重要影响。Elsass and Veiga（1994）认为不同的文化背景增加了经济交流的难度，文化背景差异不利于跨国界的市场活动。Paul D. Ellis（2007）指出距离不仅可以指地理距离，更可以指精神距离和文化距离，而文化距离通过多种方式对企业国际化产生影响。Bedassa Tadesse and Roger White（2008）认为文化距离对贸易有抑制作用，他们在 2010 年的进一步研究中发现大的文化距离会降低出口，且不同产品受文化距离的影响存在显著差异。近年来，文化相似性在决定国家间贸易流量的过程中起着重要作用的观点已经达成广泛共识。Min Zhou（2011）指出国与国之间相似或相近的文化利于两国进行国际贸易，而文化差异会阻碍两国的贸易。Gabriel J. F. and Farid T.（2010）发现文化相近性是双边贸易量的一个重要决定因素，并以降低贸易成本和提高亲和力参数两种方式对双边贸易产生影响。总体来说，这些研究在两方面达成了共识：文化距离对国际双边贸易有着重要影响；两国之间小的文化距离有利于贸易，大的文化距离不利于贸易。

（3）制度因素对国际贸易的影响。Hayek（1976）充分论证了市场经济的优越性，肯定市场机制对经济的调节作用，认为企业在自由市场可以开展充分竞争。Krugman（1979）认为，经济制度自由度高的国家更倾向于实行开放的宏观经济政策，有利于消除经济扭曲，促进国际贸易的发展。Feenstra（1998）把国际贸易快速发展的原因归为三类——经济规模的扩大、贸易自由化的深化和运输费用的下降，主张实行经济自由政策，发挥市场这只“看不见的手”的作用，认为只有存在外力推动时经济才能实现长期增长，自由贸易可以扩大本国企业的生产规模，带来规模经济效应。林毅夫（1999）认为，对于大多数国家来说，保护贸易政策不利于促进经济发展，自由经济制度能推动自由贸易的扩大，进而促进经济增长。Rodrik（2000）认为，市场公平性越强对市场竞争越有利，富有竞争性的市场能促使产品质量提高，在国际贸易中处于优势地位。Lee（2005）用异方差识别方法对世界1965—2000年的数据进行回归分析，认为经济自由度和经济增长长期呈正相关关系，反对任何形式的政府干预，支持自由经济制度的观点，因为完全自由的经济可以实现资源的最优配置，提高要素生产率。余淼杰（2010）利用中国制造业企业层面的面板数据，实证研究了贸易自由化与制造业企业生产率之间的关系，认为贸易自由化有利于企业生产率的提高。张会清和唐海燕（2012）利用扩展的引力模型实证分析了2000—2008年中国出口贸易数据，认为后危机时期中国应该在保持欧美传统市场的同时，逐步扩大在亚洲和拉美新兴经济体的市场份额。潘安和魏龙（2013）分析了制度距离对中国稀土出口贸易的影响。实证结果显示，不同类型的制度距离对中国稀土出口贸易的影响路径及产生的效应所以不同：在Freedom from Corruption and Fiscal Freedom上的制度距离对中国稀土出口具有正面影响，而在Business Freedom and Trade Freedom上的制度距离具有负面影响。

（4）汇率对国际贸易的影响。汇率对国际贸易的影响主要集中在一是汇率变动对进出口贸易流量的影响。在其他条件不变的情况下，一般认为一国货币贬值会促进出口、抑制进口；本币升值会抑制出口、增加进口（Krugman and Baldwin，1987；Olugbenga，2003；Boyd，2001；毕玉江，2005；谷宇和高铁梅，2007；曹瑜，2008等）。而Backus（1998）、Wei（1999）、Wilson（2000）、尹翔硕和俞娟（2004）、梁琦等（2005）、邱立成和王自锋（2006）等认为汇率对进出口贸易没有显著的影响。还有一些学者认为汇率变动对进出口的影响不确定（Wilson，

2001；马丹和徐少强，2005）。二是汇率变动对进出口商品结构的影响。巴拉萨—萨缪尔森假说认为，劳动生产率的提升将导致汇率的提升，由此反推，那么汇率的升值过程中就有可能包含着劳动生产率的提高，进出口商品结构可能会由此而优化。部分实证研究的结果支持了巴拉萨—萨缪尔森假说的这一暗含结论（Marston，1990；曾铮，2007）。然而，另外一部分实证研究的结论却显示汇率变动与贸易结构的变化之间没有必然的联系（全惟幸，2003；苏应蓉，2006 等）。毕玉江（2005）、顾国达等（2007）的研究则认为，不是全部商品的进出口受汇率的影响，只有部分商品受影响。刘舜佳（2004）利用中国数据分析了汇率变动对中国出口商品结构的影响，发现人民币汇率升值在长期内会优化中国的出口商品结构，而人民币贬值在短期内会优化出口结构。马君潞等（2011）研究了人民币汇率波动对中国出口商品的影响发现，汇率波动对基于 SITC 标准进行分类的产品出口额存在较大影响，其影响程度按汇率波动系数的大小依次为制造业的劳动密集型产品、资本和技术密集型产品、食料品和资源密集型产品。姚大庆（2013）研究了欧元汇率波动对欧元区进出口贸易影响的异质性及其原因。研究发现，在欧盟创始国的范围内，汇率波动效应的异质性不显著，但随着欧元区的不断扩大，汇率波动效应的异质性加强了。

（5）贸易壁垒对国际贸易的影响。关于贸易壁垒对国际贸易的影响，国内外研究比较多，一般认为，贸易壁垒有碍于国际贸易的发展。如国外学者 Henson 等（2000）、Otsuki 等（2000）、Henson & Loade（2001）、wilson 等（2003）、Martinez & Banados（2004）、Wilson 等（2004）、Jayasuri Ya 等（2006）、Gebrehi wet 等（2007）、Henson 等（2008）；国内学者王小兰（2004）、朱启松（2005）、翁鸣（2007）、孙东升（2005，2007）、毛凤霞

(2008)、余佶（2009）、李爽（2009）、江涛等（2010）、董银果（2011）等都得出相似的结论。张小蒂、李晓钟（2004）从正反两个方面论证了技术性贸易壁垒对我国农产品出口的影响，指出壁垒的“倒逼机制”会促使农业生产、出口企业改进生产管理，提高其市场竞争力。此外，王星丽（2007）、兰梅（2008）、李殿勇（2009）、张吉松（2009）、归秀娥（2010）、许德友和梁琦（2010）、华春革（2011）等也从正反两个方面探讨了贸易壁垒对国际贸易的影响。

（6）区域贸易协定对国际贸易的影响。大多数的研究结果表明区域贸易协定显著地促进了区域内部的农产品贸易的影响。如 Carrere（2006）、Baier（2007）、Grant & Lambert（2008）等。但 Rose（2005）研究表明 GATT/WTO 并没有使得贸易流向更为稳定和更有预见。Dascal 等（2002）认为欧盟的成立促进了成员国内部的葡萄酒贸易，产生了明显的贸易转移效应。Myeong-joo（2003）研究了 1994 年北美自由贸易协定的签订对美国木材及其产品出口流向的影响，发现美国木材的贸易流向从东亚贸易区域向北美自由贸易协定区域转移。Jayasinghe & Sarker（2007）研究表明 NAFTA 促进了成员国之间的贸易，减少了对非成员国的贸易开放程度。Eita & Jordaan（2007）研究表明南非与其贸易伙伴国之间签订的自由贸易协定对南非木材出口流量和流向的变化起重要作用。Sarker & Jayasinghe（2007）研究欧盟的发展显著地促进了成员之间的农产品贸易。中国台湾学者徐世勋和吴秉叡（2002）、徐世勋和蔡名书（2001）等对中国、日本、韩国等国家和地区能否建立 FTA 进行了实证分析。潘沁和韩剑（2006）则利用引力模型分析了加入区域一体化对产业内贸易的影响，表明一旦两国达成双边贸易协定，产业内贸易将会增加 10.33%，而产业内贸易指数则会增加 12%。陈汉林和涂艳

(2007）采用引力模型分析了中国与东盟成立自贸区后中国所获得的静态贸易效应，结论表明：中国所获得负的贸易转移效应远远大于正的贸易创造效应，并且两者之间的差额还在逐年增长，其原因主要是中国的经济规模和相应的贸易政策所致。宋海英（2013）研究表明，区域经济一体化组织（尤其是自由贸易区）显著地促进了中国与拉美之间的农产品贸易。

1.3.5 中美农产品贸易及中国对美农产品出口贸易研究

有关中美农产品贸易的研究主要集中在国内，其内容涉及：

（1）中美农产品贸易现状。杨春艳和綦建红（2006）通过产业内贸易指数、显性比较优势指数、出口产品相似度指数和出口产品分散度指数，对中美农产品贸易结构进行了实证分析，认为中美两国农产品贸易潜力较大，两国应本着互惠互利原则调整农产品贸易政策，使农产品贸易取得应有的地位。戴强（2007）分析了中美农产品贸易的状况、壁垒障碍以及对策。研究发现中国从美国进口的农产品以土地密集型产品占绝对重要地位，中国向美国出口农产品呈现出以劳动密集型农产品和加工农产品为主的特征。同时，也面临以技术性壁垒为主的各种障碍。刘合光、周爱莲和孙东升（2007）分析了中国入世五年来中国农产品贸易格局的变化，提出中国农产品的国际贸易主要是出口劳动力密集型产品，进口资源性和原料性农产品。同时他们分析了中国农产品贸易所面临的严峻贸易环境，提出要改革贸易管理体制，以便提高出口农产品质量的建议。朱海霞和顾海英（2008）针对中美两国在农产品贸易上的新变化，采用1987—2005年其中五年的截面数据应用引力模型的派生模型——边境效应引力模型对中美两国农产品贸易的流量和流向进行理论和实证研究。结果发现：中美农产品贸易的边境效应显著存在，且呈逐年下降趋势。

两国之间的农产品贸易边境效应存在流向和区域上的差异。距离的平方并不影响模型的可靠性。连春霞（2008）通过对1995—2007年中美贸易的四大类18章农产品产业内贸易指数综合测算和分类测算，显示中美农产品产业内贸易水平不断提高。吴宏和胡春叶（2009）主要从产业内分工的角度出发，通过产业内贸易指数、Bruel hart边际产业内贸易指数、贸易竞争力指数和AE法，对中美农产品产业内贸易发展现状、中国农产品对美竞争力状况和中美产业内贸易结构等进行实证分析，并根据相应的结论得出不断提高两国农产品产业内贸易水平、改善农产品贸易结构的启示。耿晔强和石涛（2011）探讨中美农产品加工业各部门产业内贸易的发展状况及原因。得出中美农产品加工业贸易以产业间贸易为主的结论，农副食品加工业、饮料制造业和造纸及制品业呈现出显著的产业内贸易特征，最后提出了相应的政策建议。马翠萍、肖海峰和王金凤（2012）通过中美农产品贸易结合度指数、格鲁贝尔—洛伊德产品指数、国际市场占有率、出口产品相似度指数、产品分散度指数研究1996—2010年期间中美农产品贸易的演变。研究结果表明：中美农产品贸易紧密程度加大，大宗农产品呈现越来越明显的产业间贸易趋势，高附加值农产品向产业内贸易发展，未来中美农产品贸易发展贸易逆差持续扩大。廖东声和吴晓丽（2012）运用显示性比较优势指数、相似度指数、分散度指数，对中美两国农产品贸易结构进行了实证分析，认为中美两国农产品贸易的发展态势良好，空间和潜力较大。

（2）中美农产品贸易关系。张莉侠和孟令杰（2006）研究了1992—2004年间中美农产品贸易互补性，结果表明：中美农产品贸易存在较大的互补性，农产品贸易结合度正不断提高。马翠萍、肖海峰和王金凤（2012）认为中美农产品在出口市场、出口产品结构方面竞争激烈，未来中美农产品贸易发展将以竞争为主，互补为辅。廖东声和吴晓丽（2012）认为中美两国的农产品是以互补性为主，竞争性为辅。罗晓斐（2012）也对中美农产品贸易互补性进行了研究。

（3）中美农产品贸易影响因素。张静春（2004）对近年来中美农产品贸易摩擦进行了概况性的论述，并对一些农产品案例特别是反倾销案例进行了列举。在中美农产品贸易中除检验检疫等措施日益成为主导中美农产品贸易战的主要方面外，还包括转基因生物标准和关于农产品关税配额的发放。中国现已成为美国反倾销调查最多的国家，是美国反倾销的重要对象，因此，中美农产品自由贸易的道路还是崎岖漫长的。陈继勇和雷欣（2008）利用协整模型和误差修正模型探讨了中美农产品贸易与人民币兑美元汇率间的关系。研究表明，从长期看，人民币兑美元汇率变化与中美农产品贸易存在着均衡关系，但在短期内均衡关系并不明显。陈继勇和隋晓锋（2009）建立国际贸易中的产品相对竞争力模型，分析了实际汇率变动、收入效应、人均增长等因素对中美各类农产品贸易相对竞争力的影响。帅传敏（2009）在测算中美农业贸易潜力时，将农业增加值和 WTO 虚拟变量也引入了引力模型，认为加入 WTO 对美国和中国都带来了机遇，但是对美国带来的利益更大，同时认为中美两国的农产品出口具有不同的潜力空间和区域特点。廖东声和吴晓丽（2012）从农产品本身的特殊性、进出口结构的差异性、农产品贸易政策的差异性三个方面分析影响中美农产品贸易结构的主要因素，在此基础上提出了中国应发展规模农业、特色农产品，加大技术创新以提高农产品竞争力等政策建议。彭可茂、席利卿和彭开丽（2013）运用引力模型研究了中国和美国 1994—2008 年农产品出口的影响因素。本书在引力模型的基础上考虑了碳排放对中美农产品贸易的影响。研究发现，中国对美国农产品的出口在很大程度上依赖于美国的市场需求能力。碳排放在中美农产品出口中都表现出正效应。中国出口美国的农产品对能源的依赖程度要远远高于美国出口中国的农产品对能源的依赖程度。经济规模和资源禀赋的差异成为中美农产品贸易逆差的重要因素。高鹤文（2013）也探讨了碳关税对中美农产品贸易的影响。

（4）中美农产品贸易增长成因。宋新刚（2005）从中美两国政策的差异上比较分析了中美农产品贸易逆差的原因，提出中国应借鉴美国在农产品保护方面的经验，进一步完善国内农产品保护政策，以促进中国农产品贸易的发展。栾敬东和李靖（2006）通过恒定市场份额分析模型，分析了中美 1992—2003 年农产品贸易增长及其成因，认为两国旺盛的市场需求共同推动了双边农产品贸易的增长。刘星和阎建京（2008）采用恒定市场份额分析模型研究中美两国的农产品出口和进口状况。通过分析，得出影响中美主要农产品贸易的因素可以分为三个方面：一是世界农产品贸易环境，二是农产品进出口市场结构，三是农产品进出口品种结构。

有关中国对美农产品出口贸易的研究主要有：

汤承超、李先德（2007）运用比较优势分析方法重点对中国农产品出口美国的比较优势状况进行了测算。结果表明，中国农产品出口美国总体上处于比较劣势，但部分农产品，特别是劳动密集型农产品仍具有较高的比较优势。进一步提高中国农产品的比较优势，并将比较优势转化为竞争优势是扩大中国农产品出口美国市场的主要途径。王永德（2010）采用恒定市场份额模型，分析 2002—2006 年间中美农产品出口增长背后的国际竞争力因素的贡献，比较中美农产品国际竞争力强弱的相对变动趋势。其结果为：中国农产品出口最终的竞争效应亦为正值，表明中国农产品国际竞争力提升为农产品出口做出了积极贡献。宗成峰和赵霞（2007）运用恒定市场份额分析方法发现：在不同的时期和外部环境条件下，中国对美国的农产品出口额的增长主要受需求因素的影响，竞争力因素起次要的作用，而结构变动因素的贡献则微不足道。何树全（2009）利用改进的恒定市场份额模型分析了中国对美国出口农产品的增长率，结果表明：中国对美国农产品出口增长的主要因素是竞争力的提高。何树全和张秀霞（2011）利用1989—2008年共20年中国出口到美国农产品高度细分的贸易数据，通过引入生存分析来研究中国对美国农产品出口持续时间。研究发现这一贸易关系的持续时间很短，HS10分位农产品的平均生存时间为3.9年，中位生存时间为2年，生存时间众数为1。同时分析了贸易持续时间和初始贸易量的相关性，并对各章进行归纳分类，研究它们的共性和区别。稳健性检验表明产品分类的不同层次对结果的影响不显著。在此基础上提出了政策建议。贾杉（2012）认为中国农产品出口面临越来越多的贸易壁垒，特别是美国市场。美国对中国农产品设置严格的贸易壁垒，包括高额关税与出口配额、通关环节限制、技术性贸易壁垒、贸易救济措施等。为应对美国的贸易壁垒，中国需要调整农产品结构，完善四联动机制，并积极利用WTO相关规则解决贸易争端。

综上，研究国际贸易发展问题的文献已经很多，且取得了丰硕的成果，但现有的文献仍然存有不足：

①在研究产品出口结构是否合理时，更多地从供给的角度去分析问题，如产品出口结构构成、产品出口市场格局等，较少地从产品进口需求的角度去分析。

②在研究农产品国际竞争力时，现有的研究方法普遍关注于事后的评估，而忽略了事前的评估，且国内研究更多地从历史角度上来比较中国现在和过去的竞争力，而较少地从国际层面进行

比较。国际竞争力的比较群体应该是世界各个国家，参与者双方或多方的一种角逐或比较而体现出来的综合能力，因此这对国际竞争力本身来讲，显然也是不够的。另外更多地研究从整体的角度去研究中国农产品国际竞争力，而较少从某一特定市场去研究，忽略了中国农产品国际竞争力的特性。

③现有计算贸易成本的方法即Novy方法计算的是双边进出口贸易成本的几何平均值，丢失了出口和进口贸易成本差异信息，且模型的数据涉及不同的统计口径。

④用CMS模型分析对外贸易增长的影响因素时增长划分标准不同会造成分析结果的不同。如对中国对美农产品贸易增长的影响因素进行研究的有栾敬东等（2006）、何树全等（2009）。栾敬东等（2006）和何树全等（2009）分析的不同点在于栾敬东等（2006）分解的是贸易额的变化，而何树全等（2009）分析的是贸易额增长率的变化。栾敬东等（2006）研究认为两国旺盛的市场需求共同推动了双边农产品贸易的增长，而何树全（2009）利用研究结果表明中国对美国农产品出口增长的主要因素是竞争力的提高。

现有的文献关于中国对美农产品出口贸易发展的并不多，尤其是国外文献，几乎很少涉及。国内文献仅在中国对美农产品出口比较优势、中国对美农产品出口增长影响因素、中国对美国农产品出口持续时间以及中国农产品面临美国壁垒上有所阐述，系统研究中国对美农产品出口贸易发展问题的文献更少。目前还没有文献从美国对农产品需求的角度来研究中国对美农产品出口贸易发展问题。在综合系统分析中国对美农产品出口竞争力以及中国对美农产品出口贸易成本方面也缺乏研究。但是美国是中国重要农产品贸易伙伴，中国对美农产品出口贸易规模较小，且为贸易逆差，研究中国对美农产品出口贸易发展问题显得很有必要。

鉴于此，本书从供给与需求角度出发，研究了中国对美农产品出口结构与美国农产品进口需求结构匹配性；从国际比较视角动态分析了中国农产品对特定市场的出口的竞争力即中国对美农产品出口竞争力；构建了单边出口贸易模型测定了中国对美农产品出口贸易成本并分析了其效应；兼顾考虑了出口额的变化和出口额增长率的变化，用 CMS 模型分析了影响中国对美农产品出口增长的因素。因此，本书的研究对促进中国对美农产品出口贸易发展具有一定的理论与现实意义。

1.4 主要内容和研究方法

1.4.1 研究主要内容

本书主要研究中国对美农产品出口贸易发展问题，首先分析了中国对美农产品出口贸易发展及其特点，其次对中国对美农产品出口贸易发展过程中的关键问题，即中国对美农产品出口结构与美国农产品进口需求结构匹配性、中国对美农产品出口竞争力、中国对美出口贸易成本及效应以及影响中国对美农产品出口竞争力因素进行分析，最后提出促进中国对美农产品出口贸易的对策建议。全书共分为八个章节的内容，具体结构安排如下：

第 1 章：绪论。本章主要介绍了本书研究的背景、研究目的、研究意义、相关文献综述、主要内容和研究方法、创新与不足。

第 2 章：贸易发展相关理论分析。本章着重阐述本书分析的理论基础。对本书研究的理论基础进行归纳，具体有比较优势理论、要素禀赋理论、国际竞争力理论、农产品国际竞争力理论、相互需求原理等。

第 3 章：中国对美农产品出口贸易发展及其特点。主要分析了中国对美农产品出口贸易发展概况、特点及存在的问题，为进一步研究中国对美农产品出口贸易发展奠定基础。

第 4 章：中国对美农产品出口结构与美国农产品进口需求结构匹配性分析。本章首先分析了中国对美农产品出口结构的构成，进而分析了美国进口需求结构的构成，然后利用 Spearman 等级相关系数、收益性结构变动指数、劳伦斯指数分析了中国农产品出口结构与美国农产品需求结构是否匹配，中国农产品出口结构变化与美国农产品进口需求结构变化是否一致即中国对美农产品出口结构波动幅度如何。从需求的角度研究中国对美农产品出口贸易发展问题。

第 5 章：中国对美农产品出口竞争力研究。本章分别选取美国市场上主要农产品进口国、印度、泰国为参照对象，运用市场占有率、增长率来分析对美农产品出口状况，采用出口产品相似度指数来衡量对美农产品出口竞争程度，利用转移份额法分析对美农产品出口竞争力强弱，最后得出相关研究结论，为从提高中国对美农产品出口竞争力的角度提出促进中国对美农产品出口贸易发展的对策建议奠定基础。本章是从供给的角度研究中国对美农产品出口贸易发展问题。

第 6 章：中国对美农产品出口贸易成本及其效应分析。本章首先阐述了对外贸易成本含义及其构成，其次分析了中国对美农产品出口贸易成本现状，在此基础上运用重新构建的出口贸易成本模型对中国对美农产品出口贸易成本进行测定并分析了其对对外贸易增长的效应，最后得出相关结论，为从贸易成本的角度提出促进中国对美农产品出口贸易发展的对策建议提供决策依据。本章是从供需的角度研究中国对美农产品出口贸易发展问题。

第 7 章：中国对美农产品出口增长的影响因素分析—基于 CMS 模型的分析。本章采用 CMS 模型具体分析了中国对美农产品出口的结构效应、竞争力效应以及交叉效应。明确美国农产品进口需求、产品出口竞争力以及交叉效应对中国对美农产品出口增长的重要性。

第 8 章：结论及政策建议。总括本书研究的主要结论，提出相关政策建议。

本书的研究思路和内容如图 1－1 表示：

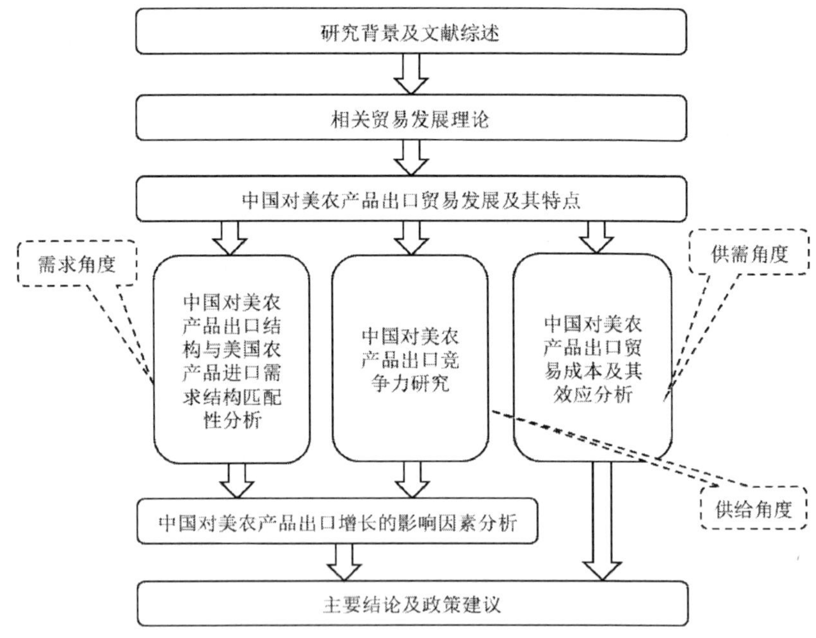

图 1－1　本书研究的框架图

1.4.2　研究方法

本书将结合微观经济学、国际贸易理论、农产品国际竞争力理论、农业经济学、相关需求贸易理论、计量经济学、制度经济学，遵循科学研究的一般逻辑和研究范式对中国加入WTO以来对美农产品出口贸易进行系统研究。研究过程中采取定性分析与定量分析相结合、规范分析与实证分析相结合、宏观分析与微观分析相结合等多种方法。本书运用的主要方法如下：

（1）统计分析法

本书对数据变量进行统计分析，总结出各变量的特点；运用多种指标对中国对美农产品出口贸易进行统计描述：按照时间序列对加入WTO后中国对美农产品出口现状、特点和存在的问题进行统计分析。本书第4章还采用了Spearman等级相关系数、收益性结构变动指数、劳伦斯指数分析了中国农产品出口结构与美国农产品需求结构是否匹配，中国农产品出口结构变化与美国农产品进口需求结构变化是否一致。

（2）比较分析法

本书研究中国对美农产品出口贸易发展，属于国际经济范畴，因此离不开国际比较，比较分析法贯穿于本书的始终。纵向比较分析：按照时间序列对中国对美农产品出口贸易发展在不同时期的变动及状态进行比较；横向比较分析：对同一时期内与其他几个美国主要农产品进口国对美农产品出口贸易发展进行比较；纵向比较与横向比较结合的中国对美农产品出口贸易发展的综合比较分析。

（3）计量分析方法

①转移份额法。转移份额分析法是一种度量出口竞争力的方法。本书第5章采用转移份额法分析中国与主要竞争国对美农产

品出口竞争力强弱。

②单边出口贸易成本模型。本书第 6 章在 Andersen 和 Van Wincoop（2003）模型基础上构建单边出口贸易成本模型。并用该模型计算了中国与主要竞争对手 2001—2016 年对美农产品出口贸易成本。

③恒定市场份额模型（Constant Market Share，CMS）。CMS 模型是研究对外贸易增长源泉和出口产品国际竞争力趋势的重要模型之一。本书第 7 章用该模型分析了 2001—2016 年中国对美农产品出口增长的影响因素。

1.5 研究的创新及不足之处

1.5.1 研究的创新

在借鉴已有研究和文献的基础上，本书的创新主要体现在以下几个方面：

（1）研究角度的创新。其一，本书采用了 Spearman 等级相关系数、收益性结构变动指数、劳伦斯指数分析了中国农产品出口结构与美国农产品需求结构是否匹配，从美国对农产品进口需求的角度探讨中国对美农产品出口贸易问题，这在已有研究中很少；其二，本书注重国际比较，本书研究的是中国对美农产品出口贸易发展问题，分析始终都与美国农产品主要进口国如欧盟、加拿大、墨西哥、印度、泰国等对美农产品出口贸易进行比较。因此，从需求和国际比较的角度探讨中国对美农产品出口贸易发展问题是本书研究角度的一个创新。

（2）理论的创新。本书分析了中国对美农产品出口贸易成本，把出口贸易成本的内容纳入分析的框架之中，这在以前研究中国农产品出口贸易问题时是没有的，因此本书的研究丰富了中国农产品出口贸易理论的内容。

（3）研究方法的创新。本书在分析中国农产品出口竞争力的时候采用转移份额法；在分析中国对美农产品出口贸易成本时，构建单边出口贸易成本模型；在分析中国对美农产品出口贸易增长的影响因素时，采用修正的CMS模型。这些都是本书与已有的文献不同的地方。

1.5.2 研究的不足

科学研究是不断探索的过程和反复试错的过程。在前人的工作基础上，本书对中国对美农产品出口贸易发展问题进行了研究，但是鉴于各方面条件的限制，难免存在诸多不尽人意的地方和缺憾，这些不足为进一步深入研究留下了改进的空间，是研究者在今后的工作和学习中继续探索的方向和动力。

（1）题目本身的复杂性。中国对美农产品出口贸易发展问题涉及内容较广，本书仅选择中国对美农产品出口结构与美国农产品进口需求结构的匹配性、中国对美农产品出口竞争力、中国对美农产品出口成本、影响中国对美农产品出口贸易增长的因素这几个方面进行分析，显然并不能覆盖全部内容，且作者的研究能力有限，因此可能会造成本书在论述过程中，难以面面俱到，从而影响研究的深刻性。

（2）数据可得性和可比性。由于无法获得一些详尽的数据如系统的农产品运输、加工和营销等环节的数据，因而对其相关研究如对美农产品出口贸易成本分析比较笼统，也使得后续的政策建议难以就相关环节提出更具针对性的对策。

（3）研究的范围有限。研究较多地把中国与欧盟、加拿大、墨西哥、印度、泰国等美国主要农产品进口国对美农产品出口贸易问题进行比较分析研究，对于其他国家的研究有待展开。而且在与这些国家进行对比分析时，本书研究较笼统，没有具体实施到每个国家（仅印度和泰国有所涉及），而是一起对比分析，因此研究范围有待进一步细化。

贸易发展的相关理论

研究中国对美农产品出口贸易发展，在理论上需从国际贸易理论、国际竞争力理论、相关需求理论等方面来进行系统梳理，以寻求本书的理论支撑。

2.1　国际贸易理论

2.1.1　绝对优势理论

绝对优势理论（Theory of Absolute Advantage)，又称绝对成本说（Theory of Absolute Cost)、地域分工说（Theory of Territorial Division of Labor)。1776 年，亚当·斯密出版了奠定政治经济学理论体系的著作《国民财富的性质和原因的研究》，简称《国富论》。在书中，他提出了国际分工和自由贸易的理论，猛烈抨击了重商主义，鼓吹自由放任。绝对优势理论的主要结论为：国际贸易和国际分工的原因及基础是各国间存在的劳动生产率和生产成本的绝对差别。一国如果在某种产品上具有比别国高的劳动生产率，该国在这一产品上就具有绝对优势；相反，则具有绝对劣势。各国应该集中生产并出口具有绝对优势的产品，进口绝对劣势产品。其政策主张为支持自由贸易，反对国家对对外贸易的干预，认为开展国际分工，坚持自由贸易，最后社会总财富会增加。绝对优势理论第一次从国际分工出发，证明了开展国际贸易可以增加国民财富，奠定了古典贸易理论的基石，是之后产生的理论的基础。但绝对优势理论存在明显的局限性，在现实社会中，有些国家在生产所有产品上都具有效率，而有的国家在生产所有产品上都低效率，前者每种产品都是绝对优势产品，后者每种产品都是绝对劣势产品，这样一来，依照斯密的国际分工原则，两国之间就不存在贸易的可能性，而实际上贸易仍然会在两个国家之间进行，对于此类现象，斯密的理论无法解释。

2.1.2 比较优势理论

1817年，大卫·李嘉图出版了代表作《政治经济学和赋税原理》，在绝对成本理论基础上提出了比较优势理论。他认为一个国家各种产品生产都处于绝对优势，而另一个国家都处于绝对劣势，但它们在不同产品生产上的优、劣程度是不同的。两个国家依然可以按照“两优取其重，两劣取其轻”的贸易模式进行国际贸易，使两国福利都增加。

李嘉图进一步发展了绝对优势理论，促进了当时英国资本积累和生产力的发展，是国际贸易理论的基石，但也存在其局限性，如未考虑机会成本变化、对国际分工形成和发展的主要原因没进行解释、无法解释第二次世界大战后比较利益相近的发达国家之间贸易迅速发展和产业内贸易迅速发展的原因，再者比较优势理论假定国际经济是静止的，这显然没有说服力。

2.1.3 要素禀赋理论

1919 年，埃里·赫克歇尔发表了《国际贸易对收入分配的影响》一文，探讨了各国资源要素禀赋与贸易发展模式之间的关系。此后他的学生俄林进一步发展了要素禀赋理论，因此这一理论又被称为赫克歇尔——俄林定理，即 H－O 定理。他们认为，各国生产要素的禀赋不同和产品生产中使用的要素比例不同决定了各国在不同产品上的比较优势。每个国家应该生产和出口要素禀赋丰裕的商品，进口要素禀赋稀缺的商品。以中美贸易为例子，中国应该生产和出口劳动密集型产品，进口资本和技术密集型产品，而美国应该生产和出口资本和技术密集型产品，进口劳动密集型产品。

要素禀赋理论指出了比较优势现实决定因素和贸易模式，揭示了国际贸易对资源配置的重要影响，在国际分工理论中占有重要位置。但该理论也存在着明显的不足，忽略了技术进步、政策因素对于要素的影响，属于静态理论，且与当代发达国家间贸易迅速发展和跨国公司的产业内贸易大发展现实不相符，忽略了国际分工和国际贸易发展中最重要的原因，即资本主义生产关系——国际分工和国际贸易发展中最重要的原因。

2.1.4 里昂惕夫之谜

20 世纪 50 年代初，里昂惕夫（Leontief）根据 H－O 理论，用美国 1947 年 200 个行业的统计数据对其进出口贸易结构进行验证时，结果却得出了与 H－O 理论完全相反的结论，这一难题称为里昂惕夫之谜。即 H－O 理论，美国是一个资本丰裕而劳动力相对稀缺的国家，其对外贸易结构应该是出口资本、技术密集型产品，进口劳动密集型产品。而里昂惕夫检验结果显示，美国进口的是资本密集型产品，出口的是劳动密集型产品。随后有关于里昂惕夫之谜出现很多，如熟练劳动说（劳动效率说）、人力资本说、自然资源说、由生产要素密集逆转所致、由于美国贸易政策所致、由需求逆转所致等。关于里昂惕夫之谜的解释，实际上是从不同侧面对要素禀赋理论假定前提的修正，并为以后一系列国际贸易新理论的产生奠定了基础。

2.1.5 需求相似理论

需求相似理论又称偏好相似说或收入贸易说，是由瑞典经济学家林德 1961 年在其论文《论贸易和转变》一文中提出的。林德认为国际贸易是国内贸易的延伸，产品的出口结构、流向及贸易量的大小决定于本国的需求偏好，而一国的需求偏好又决定于该国的平均收入水平。

需求相似理论第一次从需求角度对国际贸易的原因进行分析，该理论对于第二次世界大战以来的国际贸易领域的主要贸易对象是发达国家这一现象做出了说明和解释，然而，许多经济学家认为他的理论很难在实践中得到验证。美国经济学家米尔蒂斯·钱乔里德斯在他的《国际经济学》一书中指出，林德的理论假设很难在实践中得到证明。有的国家生产某些产品，在国内根本没有需求，不是为了满足国内的需求而生产的。

2.1.6 异质性贸易理论

传统贸易理论和新贸易理论基于不同的假设条件强调了贸易扩张的不同类型，但是这两种理论的研究中都没有考虑企业的差异性。随着 Melitz（2003）等人从企业异质性视角分析一国的出口，从企业微观层面研究一国的出口流量成为一个新的研究视角。异质性贸易理论是基于企业生产率差异的假设分析一国出口中沉没成本对一国进出国外市场决策的影响。作为该理论研究的拓展之一，该理论的结论可以用来分析一国的贸易流量的变化过程及其影响因素。

根据异质性贸易理论的分析，市场均衡条件下，出口海外市场的企业的生产率存在一个分离点，只有高于该临界生产率的企业才能出口海外市场，原因在于出口一国市场中存在着一个固定成本，一旦企业进入该国市场，这种成本就变成了一种沉没成本。只有当一个企业的利润足够克服这一固定成本时，企业才有利可图并进入该国市场，否则将不出口该国市场或者退出市场。所以，一国的出口流量与出口的固定成本和可变成本相关。

在贸易自由化背景下，随着贸易壁垒的下降，企业生产率的分离点降低，原本受分离点约束的非出口的企业现在变成了出口企业，因而就会有更多的企业出口到海外市场。同时，随着贸易壁垒的下降，出口可变成本也随之降低，所以原有出口到海外市场的企业可以获得的利润增加，因而每个企业的出口量也增加。由于异质性贸易理论中假定每个出口企业出口的产品种类不同，所以出口贸易流量变化的具体体现就是，贸易自由化之前，企业对给定的市场在某种产品上没有出口也就是贸易流量为 0，而贸易自由化之后，该企业开始对这个市场进行出口某种产品，贸易流量开始为正。从这个意义上讲，出口扩张的过程就是一个贸易流量从 0 变成为正的过程。这个变化过程来源于两部分：一部分是新进入市场的企业数量增加带来的贸易流量的增加，另一部分是原有出口企业单位出口量增加带来的贸易流量增加，在企业层面上，前者称之为扩展边际，后者称之为集约边际。由此可以看出，异质性贸易理论阐述的是特定企业表示的产品种类和每个企业出口的产品数量并行的出口扩张模式。

2.2 竞争优势理论和农产品国际竞争力理论

2.2.1 竞争优势理论

美国哈佛商学院教授波特于20世纪80年代到90年代初从微观、中观和宏观三个层次较为全面地论述了“竞争”问题，先后出版了《竞争战略》《竞争优势》和《国家竞争优势》三部著作，系统地提出了竞争优势理论。其著名的波特“钻石模型”如图2－1所示。

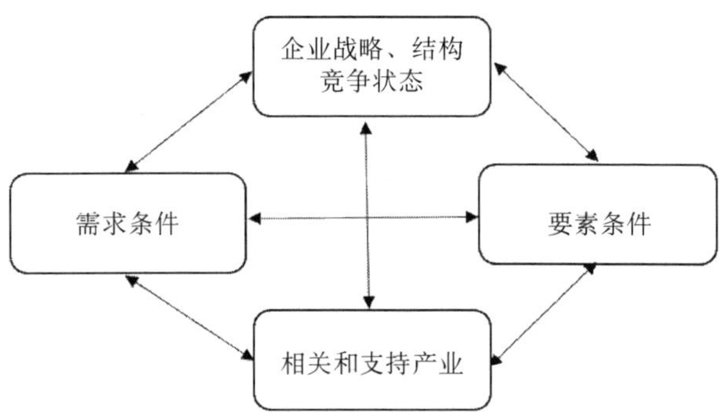

图2－1 波特“钻石模型”

波特认为，企业开发其自身的竞争能力受一国的国内经济环境影响很大，一国国际竞争力的来源有要素条件、本国需求条件、相关和支持产业、企业战略、结构与竞争状态及政府和机遇六方面的因素，这些因素相互影响、相互加强，共同构成一个动态的激励创新的竞争环境。其中要素条件、本国需求条件、相关支持产业、企业战略、结构与竞争状态最为关键，政府和机遇作为两个辅助因素影响着上述四个关键因素。

（1）要素条件。一国的生产要素包括自然资源、知识资源、资本资源、人力资源及基础设施。生产要素还可以分为初级要素和高级要素、通用生产要素和专业生产要素。一国先天拥有的或只需简单投资就能得到的为初级要素，通过投资和后天开发创造出来的人为创造的为高级要素，可以被用在任何一个产业上的为通用生产要素，只能用在专门行业的要素为专业生产要素。高级生产要素、专业生产要素对竞争优势更为重要。

（2）本国需求条件。包括本国需求性质与结构、规模和增长模式、高级购买者压力及需求的国际化。迈克尔·波特认为国内市场的素质对竞争力的影响比规模经济重要得多，因此，本国需求条件是影响一国国际竞争优势的重要因素。

（3）相关支持产业。是指为出口部门提供供给或服务的产业部门。包括上游供给产业及其他相关产业的竞争优势。通过其供给或服务的效率、及时性和成本影响出口部门的竞争力。

（4）企业战略、结构与竞争状态。企业位于全球竞争的最前线，国家竞争力在很大程度上体现在企业身上，企业的战略选择与企业组织结构会影响到企业的竞争力；强有力竞争对手的存在，是提高企业竞争力的一个重要条件；而国内的制度环境会影响到企业战略、组织结构和竞争对手。

（5）机遇。机遇是指外部的、突发性事件带来的机会，如石油危机、金融危机、战争、政治变动等，能够抓住这种机遇就会建立起本国的竞争优势。

（6）政府。政府对四个关键因素都可以产生积极的或消极的影响。如通过基础设施投资、教育政策、对资本市场的管理等方面影响生产要素，通过自身的支出预算和购买行为影响国内需求，政府通过产业政策、法律法规影响相关产业发展和企业战略与结构。

波特的“钻石模型”的提出突破了各种比较优势理论的分析方法，为后来的研究工作提供了新的理论分析范式。但是波特模型在各种不同类型、不同发展水平国家中的适用性引起了人们的争论。鲁格曼等人（1998）将波特的“钻石模型”拓展为适合加拿大分析的“双重钻石模型”；蒙等人（1998）又进一步将“双重钻石模型”拓展为适用于所有小国经济分析的“一般化的双重钻石模型”；乔（1994）以韩国为例构建了“九要素模型”，使其在欠发达国家和发展中国家更具解释力。

2.2.2　农产品国际竞争力理论

（1）农产品国际竞争力内涵

20 世纪 80 年代以来，主要发达国家对竞争力的研究日趋活跃。权威的国际 竞争力研究机构世界经济论坛（WEF）认为，国际竞争力是一国能够实现以人均 GNP 增长率表示的经济持续增长能力。洛桑国际管理发展研究院（IMD）认为，国际竞争力是一个国家持续稳定创造增加值及增加国民财富的能力。波特认为一国国际竞争力可以用一国生产力水平来描述，一国在某一产业上的国际竞争力表现为一个国家能否创造一个良好的商业环境，使该国企业获得竞争优势的能力。

国际竞争力根据其依附的主体，可以分为产品国际竞争力、企业国际竞争力、产业国际竞争力和国家竞争力等。这些类型的国际竞争力各有不同的内涵和侧重点，但又互相交叉和重合。其中产品竞争力是核心，企业竞争力是基础和前提，产业竞争力是依托和场所，国家竞争力是合力和结果。它们在方向上具有一致性。

笔者认为农产品国际竞争力这一概念包括以下内涵：

①买方价值是农产品市场竞争力的核心。买方价值即“取决于产品或服务被认为、可以为消费者提供的一系列效用和消费者须为这一系列效用付出的价格”。它包括农产品市场竞争力价格竞争力和非价格竞争力两个方面。即买方价值可以从农产品价格、农业生产效率、农产品质量、市场营销和满足消费需求程度等方面表现出来。

②农产品国际竞争的前提条件是自由而公平的市场。由于国家支持力度不等及贸易壁垒存在，因此，公正的评价世界各国的农产品国际竞争力很难。农产品市场竞争力与其所发生的特定市场相关，即相同农产品市场不同竞争力也会不同。本书主要研究中国农产品在美国市场上的竞争力即中国对美农产品出口竞争力。

③农产品国际竞争力主要体现为市场份额和盈利能力。从农产品生产者角度来说，农产品市场竞争力体现为获得市场份额和赢利的能力。市场份额即农产品国际竞争涉及以商品贸易为主的竞争，不涉及以跨国公司国际直接投资为主要方式的产业竞争。盈利能力意味着具有竞争力的农产品必须以盈利为目的，非盈利目的的农产品交换排除在外。

④农产品国际竞争力和农业国际竞争力研究结果不一定一致。农业竞争力是一国农业在国际市场上比其他国农业更多地占有、利用生产资料，实现产品价值，并由此提高该国现在及将来社会福利总体水平的能力。它包含国家安全保障力、国际市场竞争力、可持续发展力三个层面含义。因此，农产品的国际竞争力和农业国际竞争力存在着很大的区别，尤其是在当前还存在着国际贸易壁垒的情况下。例如，美国在生产大豆上生产成本比阿根廷、巴西要高，但由于美国对国内农业的实施高额的补贴政策，

直接提高了农产品出口规模形成价格优势，而阿根廷、巴西等国的大豆由于没有补贴，在国际市场上竞争不过美国。

（2）农产品国际竞争力的评价指标

虽然大量的学者、研究机构和组织针对国际竞争力评价方法进行了研究，但对于农产品国际竞争力评价，至今还没有一个完备的评价体系和方法。目前比较有代表性的农产品国际竞争力评价指标有：

①出口增长率和净出口指数。即通过农产品出口增长率的高低或农产品净出口指数的变动来反映农产品国际竞争力的变化。当农产品出口增长率提高和农产品净出口指数变大时农产品国际竞争力变强，反之则变弱。

②国内资源成本指数。国内资源成本指数是指一国生产某种可贸易商品所需支出的社会机会成本与商品国际价格的比值。以1为临界点，当国内资源成本小于1，说明一国生产该产品的机会成本低于国际市场价格，该产品具有竞争优势；当国内资源成本大于1，说明一国生产该产品的机会成本高于国际市场价格，没有竞争优势。国内资源成本指数的倒数即为国内资源生产力。相应国内资源生产力越大，该产品的国际竞争力也就越强。

③显示性指标。主要包括国际市场占有率、显示性比较优势指数、贸易竞争力指数、生产者价格指数等。国际市场占有率是指某国或地区的某种产品出口额占世界该种产品出口总额的比重。许多研究中常用国际市场占有率来比较某种产品国际竞争力的强弱。显示性比较优势指数即RCA，是指一国某种商品出口额占其全部出口总值的份额与世界该种商品出口额占世界全部商品出口份额的比率。显示性比较优势指数可以反映一个国家农产品在世界农产品中的竞争地位。以中国农产品为例，当 $RCA > 2.5$，则表明中国农产品具有极强的竞争力；当 $1.25 \leq RCA \leq$

2.5，表明中国农产品具有较强的国际竞争力；当 $0.8 \leq RCA \leq 1.25$，则表明中国农产品具有中度的国际竞争力；如果 $RCA < 0.8$，则表明中国农产品竞争力弱。贸易竞争力指数即TC，是某产品出口额和进口额之差与进出口贸易总额之比。TC大于0时，表明该产品具有国际竞争力；TC小于0时，则该类产品缺乏竞争力。农产品生产价格指数反映一定时期内农产品生产者出售农产品价格水平变动趋势及幅度的相对数，该指数可以客观反映农产品生产价格水平和结构变动情况。

④等市场份额模型。即通过计算一定时期内本国某产品的出口增长率与为保持该产品原有的市场占有份额应有的出口增长率之差来判断本国该产品竞争力的大小。其数值为正，表明本国该产品在这一时期内的出口竞争力相对于其他出口国有所提高；反之，则表明本国际竞争力下降。

综合以上分析，本书运用市场占有率、增长率来分析中国对美农产品出口竞争力状况，采用出口产品相似度指数来衡量中国与各主要竞争国、印度、泰国对美农产品出口竞争程度，利用转移份额法分析中国与主要竞争国、印度、泰国对美农产品出口竞争力强弱。

2.3　相关需求理论

2.3.1　相互需求原理

比较优势理论和竞争优势理论主要从成本亦即供给的角度来解释国际贸易的原因。而供给和需求是密不可分的，一些经济学家用相互需求因素来对国际贸易进行解释。约翰·穆勒（John

Stuart Mill）提出了他的相互需求原理，将对进口商品的消费需求提高到了决定消费者和从事对外贸易业务的商人们能否获得贸易利益的关键因素的地位。相互需求原理的主要理论观点包括：

（1）本国商品的价值决定于它的生产成本，而外国商品的价值则决定于为了得到这种产品所必须支付给外国的本国产品的数量。

（2）一个国家向其他国家出口商品的意愿取决于它因此能从外国获得的进口商品的数量。

（3）在双边贸易中，对对方出口商品的需求，以及贸易双方共同遵守的国际贸易条件，随着由各国消费各的消费偏好等因素决定的对对方出口商品的需求强度的相对变动而发生变化。

2.3.2　恩格尔定律

19 世纪德国统计学家恩格尔根据统计资料，对消费结构的变化得出一个规律：一个家庭的收入越少，家庭收入中（或总支出中）用来购买食物的支出所占的比例就越大，随着家庭收入的增加，家庭收入中（或总支出中）用来购买食物的支出份额则会下降。推而广之，一个国家越穷，每个国民的平均收入中（或平均支出中）用于购买食物的支出所占比例就越大，随着国家的富裕，这个比例呈下降趋势。即随着家庭收入的增加，购买食物的支出则会下降。这一结论被称之为“恩格尔法则”。国际上常常用恩格尔系数来衡量一个国家和地区人民生活水平的状况。根据联合国粮农组织提出的标准，恩格尔系数在 59% 上为贫困，50%—59% 为温饱，40%—50% 为小康，30%—40% 为富裕，低于 30% 为最富裕。

尽管恩格尔法则是建立在家庭消费模式基础上的，但在比较国家间的消费行为时，这一法则同样适用。它意味着，当人均收入随着经济增长而增加时，需求的变动将越来越不利于食品等需求收入弹性低的初级产品生产者，而在需求收入弹性高的工业制成品生产方面具有比较优势或竞争优势的国家将获得更多的出口机会。可见，恩格尔法则也揭示了国外居民消费需求结构的变化对本国出口增长的影响。当然，收入水平只是影响居民消费需求结构变化的一个重要因素，人口结构、产业结构、价格水平等也会影响居民消费需求结构的变化。根据恩格尔定律，对发达国家的农产品出口在需求方面受到一定限制。

2.3.3　牵引增长论

20 世纪 50 年代，阿瑟·刘易斯提出了牵引增长论。该理论认为，发展中国家在长期以来形成的经济体系中，一味以初级产品出口为特征，以发达国家的需求作为经济增长先决条件，将经济增长更多地取决于外部因素。在此意义上，发达国家经济发展决定了进口需求的强度，从而对发展中国家经济起着如同“火车头”牵引“车厢”的作用。其逻辑推论是：“国际贸易水平有赖于世界生产和价格水平，由于价格又取决于产量，所以国际贸易水平是世界产量的一个函数”。

牵引增长论探讨了发达国家的生产和进口需求对发展中国家的经济发展和出口增长具有牵引作用，但它论述的只是发展中国家初级产品的出口增长受到发达国家需求的影响和制约。然而 20 世纪 80 年代以来，许多发展中国家的出口产品中，制成品所占比重已远远超过初级产品，那么发达国家的需求变化对发展中国家出口贸易的影响也肯定是客观存在的，不过这种影响不会上升到“牵引作用”，不会是牵引增长论所认为的被动依赖关系，而是发展中国家主动积极参入经济全球化，以自身的比较优势和竞争优势渗入国际分工获取贸易利益和经济发展的表现。

2.3.4 供需平衡理论

供需平衡又称供求平衡，指单位时间内产商品的供应量与需求量基本相等的状况。一般来说，供求平衡主要分析影响供求的因素。以农产品供需为例，在农产品供给方面，影响农产品供给的因素有：生产的季节性、市场和组织形式、投入要素价格和技术进步、政府的干预和制度安排。在农产品需求方面，影响农产品需求的因素有价格、收入、人口、生活方式与消费习惯、气候、城市化水平、政策与制度环境等。其中，价格是影响农产品需求的重要的因素，价格的升降通过收入效应与替代效应来影响最终需求量。收入对农产品需求的作用表现为正负两个方面。人口总量的增加会增加对农产品的需求，人口结构、气候的变化也会对需求产生影响。

中国对美农产品出口贸易发展及其特点

掌握中国对美农产品出口贸易发展及其特点，是本书主题研究——“中国对美农产品出口贸易发展研究”的重要基础。本章在分析了中国对美农产品出口贸易发展概况的基础上重点剖析中国对美农产品出口贸易特点、存在的问题等为后续章节的深入开展研究起铺垫作用。

3.1　中国对美农产品出口贸易发展概况

中国农产品贸易规模不断扩大（如图 3－1）的同时，中美农产品贸易也发展迅速，但是 1994 年以来，中国对美农产品就一直处于逆差状态，且逆差一直不断扩大。中国是农业大国，农产品贸易在世界上占有较大比例，美国也是世界上农产品生产和贸易大国，且美国一直是中国重要的农产品出口市场。加入 WTO 后，中国对美农产品出口规模扩大较快（如图 3－2）。

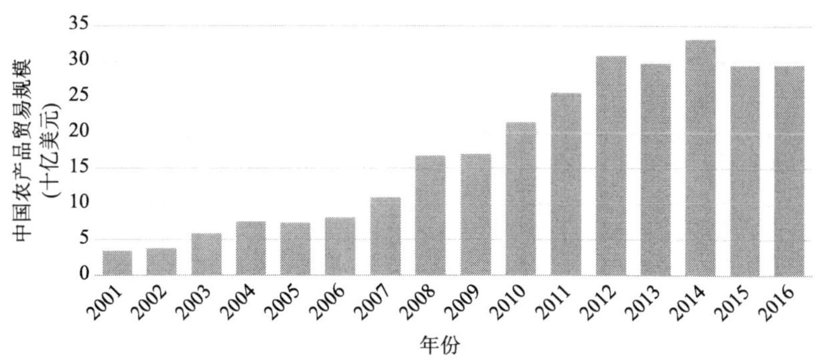

图 3－1　2001—2016 年中国农产品贸易规模

资料来源：根据中国商务部《中国进出口月度统计报告（农产品）》数据整理。

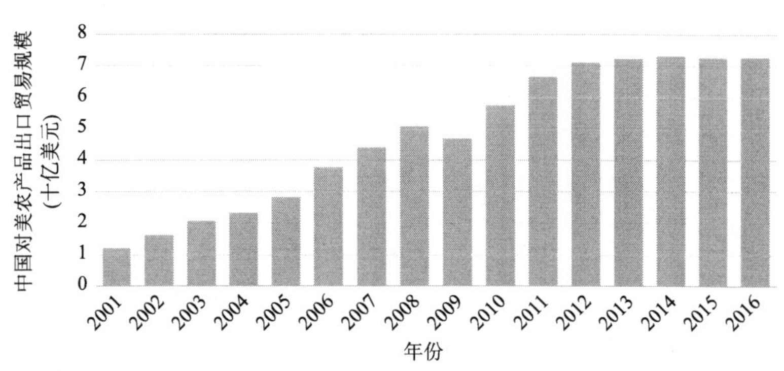

图 3－2　2001—2016 年中国对美农产品出口贸易规模

资料来源：根据中国商务部《中国进出口月度统计报告（农产品）》数据整理。

同时中国对美农产品的出口保持了快速增长，由 2001 年的 12.18 亿美元增加到 2016 年的 73.61 亿美元，增长了 5 倍多。2001—2016 年，除去 2009 年受金融危机的影响，增长率为负

8.15%及 2015 年增长率为负 0.96%外，其余年份都为正值，且正值较大，增长率最快的是 2002 年和 2006 年，还都超过了 30%，致使中国加入 WTO 后农产品年均增速达到了 13.43%（如图 3－3）。

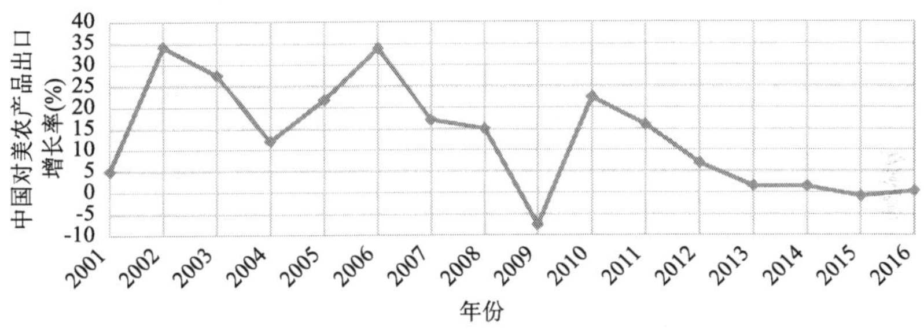

图 3－3　中国对美农产品出口增长率

资料来源：根据中国商务部《中国进出口月度统计报告（农产品）》数据整理。

3.2　中国对美农产品出口贸易发展特点

（1）中国对美农产品出口占中国对美出口比重较少。虽然加入 WTO 以后，中国对美农产品出口规模不断扩大，增长快速，但相比于中国对美货物贸易的出口，中国农产品贸易规模依然较小，且所占比重有下降趋势，2001 年占比 6.04%，2012 年占比只有 1.89%（如图 3－4）。

（2）土地密集型农产品出口占比较少，且波动幅度大。加入 WTO 后，虽然土地密集型农产品对美出口规模都在增加，但是土地密集型农产品在中国对美农产品出口比率仍然较小，徘徊在 1%和 3%之间，2007 年最高也只占 3%左右，占比最低年份

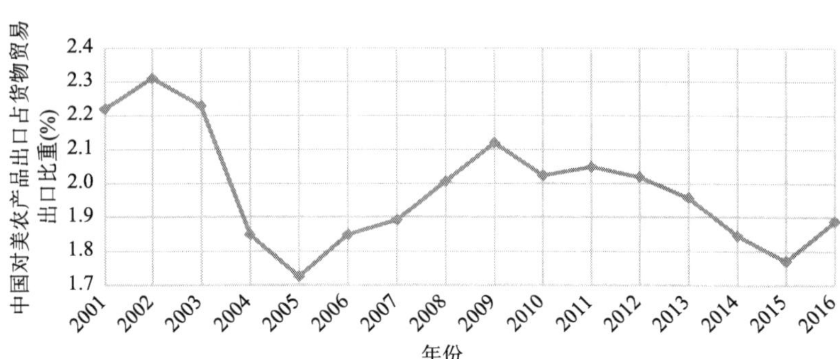

图 3－4　中国对美农产品出口占货物贸易出口比重

资料来源：由联合国 COMTRADE 数据库数据整理。

是 2010 年只占 1.5% 左右。即使这样，土地密集型农产品出口波动幅度比劳动密集型农产品出口波动幅度要大，如图 3－5 所示，土地密集型农产品出口波动趋势与劳动密集型农产品出口波动趋势基本一致，但是劳动密集型农产品出口增长时，土地密集型农产品出口增长更快，劳动密集农产品出口增长率下降的时候，土地密集型农产品出口下降更快。

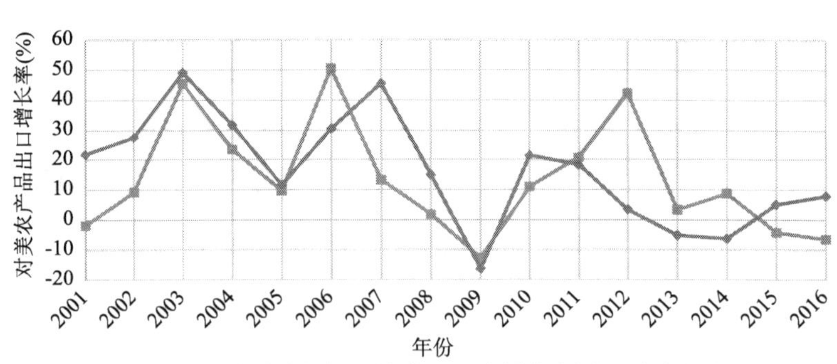

图 3－5　2001—2016 年中国土地、劳动密集型农产品对美出口增长率

资料来源：根据联合国 COMTRADE 数据库整理。

（3）水产品、油籽类及肉类制品等在对美农产品出口中优势明显。美国是中国很多农产品出口的重要市场，如第 13 章（虫胶、树胶、树脂及其他植物液、汁），第 16 章（肉类制品），第 23 章（食品工业的残渣及废料），第 20 章（蔬菜、水果、坚果或植物其他部分的制品），第 15 章（动、植物油、脂），第 5 章（其他动物产品），第 3 章（鱼及鱼产品）等对美国出口占中国对世界出口份额比较大。其中第 13 章（虫胶、树胶、树脂及其他植物液、汁）2016 年对美国的出口占到中国此类产品出口的 20.32%，占据全球 1/5 的市场还多（如表 3 – 1）。在美国农产品进口各类产品中，中国第 16 章（肉类制品），第 5 章（其他动物产品），第 23 章（食品工业的残渣及废料），第 3 章（鱼及鱼产品），第 12 章（油籽、籽仁）等产品占据份额比较大，基本上占据美国该类农产品进口市场份额的 10% 以上，与其他美国农产品进口大国相比，优势明显（如图 3 – 6）。尤其是第 13 章（虫胶、树胶、树脂及其他植物液、汁），第 16 章（肉类制品），第 23 章（食品工业的残渣及废料），第 20 章（蔬菜、水果、坚果或植物其他部分的制品）农产品，对美出口增长迅速，其占美国该类进口市场份额也由 2001 年的 4.52%、9.39%、1.78%、5.11%，上升到 2016 年的 19.13%、25.79%、14.94%、13.48%（如图 3 – 6）。

表 3 – 1　2016 年中国农产品出口的总体情况及对美国的出口情况

单位：百万美元

农产品类别	对世界的出口	对美国的出口	美国所占世界份额
1	64.67	3.62	5.59%
2	90.25	0.23	0.25%
3	1370.55	174.55	12.74%

续表

农产品类别	对世界的出口	对美国的出口	美国所占世界份额
4	58.97	1.45	2.46%
5	177.24	22.79	12.86%
6	33.00	3.46	10.49%
7	1054.60	73.47	6.97%
8	548.48	16.36	2.98%
9	298.10	21.88	7.34%
10	42.92	0.19	0.45%
11	56.54	0.76	1.35%
12	267.37	16.45	6.15%
13	125.75	25.58	20.34%
14	12.07	1.01	8.36%
15	58.41	7.59	12.99%
16	794.17	124.09	15.63%
17	170.67	17.76	10.41%
18	42.59	2.72	6.39%
19	157.87	18.55	11.75%
20	733.77	107.04	14.59%
21	320.52	38.56	12.03%
22	220.26	6.23	2.83%
23	276.75	42.08	15.20%
24	137.75	1.34	0.97%

资料来源：根据联合国 COMTRADE 数据库数据整理。

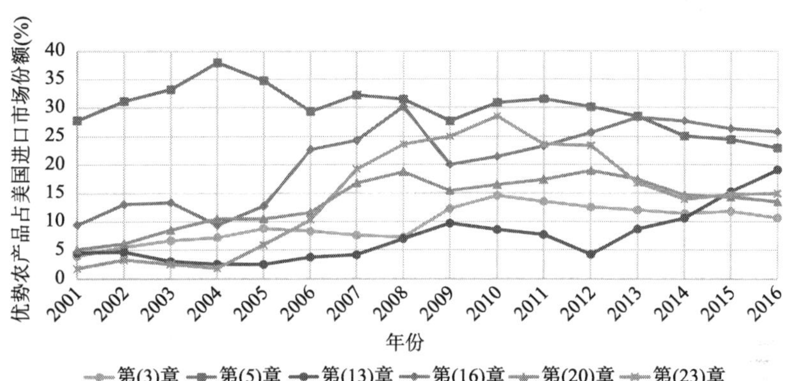

图 3－6　2001—2016 年优势农产品占美国进口市场份额

资料来源：根据联合国 COMTRADE 数据库数据整理。

3.3　中国对美农产品出口贸易发展存在的问题

（1）初级农产品出口占比较高，农产品附加值低。从农产品的加工程度看，中国对美农产品出口高技术含量、高附加值的农产品及其加工品占比较小，主要以初级加工品为主。因此，中国对美农产品贸易发展过程中普遍存在农产品经济效益差、附加值低、加工程度低以及生产技术落后等诸多问题，由于这些问题的存在，中国农产品在美国市场上的质量档次不高，与美国消费者对进口农产品需求要求相差甚远，严重影响中国农产品在美国市场上的销售。

（2）中国对美农产品出口结构与美国农产品进口需求结构匹配性不强。中国对美农产品出口结构中，2001—2016 年排在前十位的是第 3 章（鱼及鱼产品），第 16 章（肉类制品），第 20 章（蔬菜、水果、坚果或植物其他部分的制品），第 7 章（食用蔬菜、根及块茎），第 23 章（食品工业的残渣及废料），第 5 章（其他动物产品），第 21 章（可食用杂项制品），第 9 章（咖啡、茶、马黛茶及调味香料），第 17 章（糖及糖食），第 12 章（油籽、籽仁）农产品。美国农产品进口需求结构中，排名前十的是第 22 章（饮料、酒及醋），第 3 章（鱼及鱼产品），第 8 章（食用水果及坚果），第 7 章（食用蔬菜、根及块茎），第 20 章（蔬菜、水果、坚果或植物其他部分的制品），第 9 章（咖啡、茶、马黛茶及调味香料），第 2 章（肉及食用杂碎），第 15 章（动、植物油、脂），第 19 章（谷物、淀粉及面粉制品），第 16 章（肉类制品）农产品。中国只有第 3 章（鱼及鱼产品），第 20 章（蔬菜、水果、坚果或植物其他部分的制品），第 16 章（肉类制品），第 7 章（食用蔬菜、根及块茎），第 9 章（咖啡、茶、马黛茶及调味香料），第 8 章（食用水果及坚果），这六章产品与美国农产品进口较多的产品重合，且占美国进口份额最大的第 22 章（糖及糖食）产品，所占份额是 17.27%，中国对美出口份额占整个对美农产品出口额不到 1%。可见中国对美农产品出口结构与美国农产品进口需求结构匹配性不强，自然会严重影响中国对美出口贸易增长。

（3）中国对美农产品出口竞争力有待加强。美国农产品进口市场竞争激烈，中国除面临农产品出口强国欧盟的竞争外，还面临着与美国同属于一个自由区即北美贸易自由加拿大、墨西哥的竞争，除此之外，中国还面临着印度、泰国等发展中国加的竞争。虽然加入 WTO 以来，中国对美农产品出口规模不断增长，但是在美国市场上，中国农产品所占份额不足 6%，远远落后于加拿大，墨西哥和欧盟，可见中国对美农产品出口竞争力有待加强。

（4）中国对美国出口农产品频遭贸易壁垒。近年来，中国对美国出口农产品频遭贸易壁垒。美国是推行贸易自由化的国家，经过GATT和WTO多轮贸易谈判，美国整体的关税水平下降明显，特别是工业制成品，从20世纪40年代的40%下降到70年代的4%，到现在的不足2%。但对农产品进口征税幅度依然较高，平均关税超过30%。有的农产品进口关税非常高，如烟草的关税就达350%。美国还对包括纺织品、乳制品、食糖等多个类别195个税目的农产品实施关税配额。除此之外还有技术贸易壁垒、绿色贸易壁垒、反倾销、反补贴等。以技术贸易壁垒为例，HACCP已成为阻碍中国农产品出口美国的最大障碍。

第4章 中国对美农产品出口结构与美国农产品进口结构匹配性分析

加入 WTO 以来，中美农产品贸易大幅度增长，从 2001 年的 35.01 亿美元上升到 2016 年的 294.87 亿美元，增长 8.4 倍。美国已成为中国第四大农产品出口市场、第一大农产品进口市场，中国成为美国第一大出口市场、第五大农产品进口市场。但是中美农产品高速发展的同时，也呈现出中美农产品发展不平衡的特点，即在中美农产品贸易中，中国一直处于贸易逆差，且贸易逆差逐年扩大，从 2001 年的约 11 亿美元上升到 2016 年的 149.32 亿美元。中国是一个传统的农业大国，美国是一个工业发达的国家，也是世界上最大的农产品进口国之一，中国对美农产品贸易却出现逆差，这不得不引起一些学者对中国对美农产品出口贸易的关注。中国对美农产品出口结构是怎样的？中国农产品出口结构是否与美国农产品进口需求结构匹配？中国对美农产品出口结构变化又是怎样的？等等问题。本章将围绕着这一问题对中国对美农产品出口结构进行研究。

4.1　中国对美农产品出口贸易结构

2001—2016 年、2016 年中国对美农产品出口结构如表 4 - 1、表 4 - 2 所示：

表 4 - 1　　2001—2016 年中国对美农产品出口各章平均所占份额　　单位：%

产品	1	2	3	4	5	6	7	8	9	10	11	12
百分比	0.37	0.11	25.21	0.40	4.87	0.31	7.71	2.12	2.64	0.19	0.20	2.34
产品	13	14	15	16	17	18	19	20	21	22	23	24
百分比	2.19	0.13	0.96	18.10	2.40	0.46	2.05	17.19	3.33	0.74	5.74	0.24

资料来源：根据联合国 COMTRADE 数据库整理。

表 4 - 2　　2016 年中国对美农产品出口各章所占份额　　单位：%

产品	1	2	3	4	5	6	7	8	9	10	11	12
百分比	0.50	0.03	23.98	0.20	3.13	0.48	10.10	2.25	3.01	0.03	0.10	2.26
产品	13	14	15	16	17	18	19	20	21	22	23	24
百分比	3.52	0.14	1.04	17.05	2.44	0.37	2.55	14.71	5.30	0.86	5.78	0.18

资料来源：根据联合国 COMTRADE 数据库整理。

2001—2016 年中国对美农产品出口各章平均增长率如下表 4 - 3所示：

表 4－3　　2001—2016 年中国对美农产品出口各章平均增长率

单位：%

产品	1	2	3	4	5	6	7	8	9	10	11	12
百分比	25.22	8.19	13.18	10.40	3.78	16.84	19.17	16.58	14.63	617.37	43.60	14.79
产品	13	14	15	16	17	18	19	20	21	22	23	24
百分比	21.39	8.59	21.42	16.20	17.68	20.11	15.37	16.89	21.31	31.34	38.38	8.22

资料来源：根据联合国 COMTRADE 数据库整理。

从各章产品所占份额来看，2001—2016 年，中国对美农产品平均出口最多的是第 3 章（鱼及鱼产品）产品，占比 25.21%，其次是第 16 章（肉类制品），第 20 章（蔬菜、水果、坚果或植物其他部分的制品），占比分别为 18.10% 和 17.19%。上述三章产品总共占中国对美农产品出口份额的 60.5%，超过一半。2016 年这三种农产品分别占比 23.98%、17.05% 和 14.71%，虽然比平均所占份额都有所减少，但总共占比依然高达 55.74%。2001—2016 年，对美农产品出口平均较少的依次有第 2 章（肉及食用杂碎），第 14 章（其他植物制品），第 10 章（谷物），第 11 章（制粉工业制品），第 24 章（烟草及烟草制品），第 6 章（活植物），第 1 章（活动物），第 4 章（奶制品），第 18 章（可可及可可制品），第 22 章（饮料、酒及醋），第 15 章（动、植物油、脂）农产品，这十一章农产品所占份额都不足 1%，加起来所占份额不到 5%。2016 年这十一种农产品占比加起来所占份额不到 4%。可见，中国对美农产品出口结构较为集中。

从增长速度来看，2001—2016 年中国对美各章农产品出口平均增长率都为正值，且 80% 以上类别的农产品都保持两位数的增长，即中国对美各章农产品出口都有所增长，且增长速度较快。其中最快的是第 10 章（谷物），第 11 章（制粉工业制品），第 23 章（食品工业的残渣及废料产品），尤其是第 10 章产品，增长最快，年均增长超过 6 倍。但尽管第 10、11、23 章产品增长速度很快，这三章产品在中国对美农产品出口结构中，所占比重依然不大，2016 年，这三章产品占比仅为 0.03%、0.10%、5.78%。

4.2　美国农产品进口需求结构

2001—2016 年、2016 年美国农产品进口需求结构如表 4－4、表 4－5 所示：

表 4－4　2001—2016 年美国农产品进口各章平均所占份额　单位：%

产品	1	2	3	4	5	6	7	8	9	10	11	12
百分比	2.49	5.48	11.91	1.91	0.79	1.72	6.41	9.45	5.47	2.07	1.03	1.80
产品	13	14	15	16	17	18	19	20	21	22	23	24
百分比	1.30	0.09	4.19	3.91	3.25	3.54	4.29	5.64	3.18	16.79	1.65	1.64

资料来源：根据联合国 UNCOMTRADE 数据库整理。

表 4－5　2016 年美国农产品进口各章所占份额　单位：%

产品	1	2	3	4	5	6	7	8	9	10	11	12
百分比	1.96	5.48	11.34	1.75	0.69	1.50	7.14	11.58	5.50	1.62	1.15	1.69
产品	13	14	15	16	17	18	19	20	21	22	23	24
百分比	0.93	0.09	4.44	3.33	3.07	3.61	4.78	5.50	3.13	16.21	1.95	1.57

资料来源：根据联合国 UNCOMTRADE 数据库整理。

2001—2016 年美国农产品进口各章平均增长率如表 4－6 所示：

表 4-6　2001—2016 年美国农产品进口各章平均增长率　单位:%

产品	1	2	3	4	5	6	7	8	9	10	11	12
百分比	3.38	5.68	4.81	5.51	4.32	3.37	8.07	8.92	9.80	9.39	12.15	9.36
产品	13	14	15	16	17	18	19	20	21	22	23	24
百分比	13.69	5.66	13.45	4.88	7.62	8.69	8.56	7.22	7.83	6.73	11.27	4.12

资料来源：根据联合国 UNCOMTRADE 数据库整理。

从表 4-4、表 4-5 各章产品所占份额来看，2001—2016 年，美国农产品进口平均最多的是第 22 章（即饮料、酒及醋）产品，占比 17.46%；其次是第 3 章（鱼及鱼产品），第 8 章（食用水果及坚果），占比分别为 16.79%、11.91% 和 9.45%。上述三章产品总共占中国对美农产品出口份额的 38.15%。2016 年这三章占比分别为 16.21%、11.34%、11.58%，总共占中国对美农产品出口份额的 39.13%，依然未超过 50%。2001—2016 年，美国农产品平均进口较少的依次有第 14 章（其他植物制品），第 5 章（其他动物产品），第 11 章（制粉工业制品），第 13 章（虫胶、树胶等），第 24 章（烟草及烟草制品），第 23 章（食品工业的残渣及废料），第 6 章（活植物农产品），第 12 章（油籽和籽仁），第 4 章（奶制品），第 10 章（谷物），第 1 章（活动物），这十一章农产品加起来所占份额不到 17%。2017 年，这十一章农产品加起来所占份额不到 15%。可见，美国对农产品进口结构也较为集中，但相对于中国对美农产品出口结构，美国进口农产品结构稍为分散。

从表 4-6 增长速度来看，2001—2016 年美国进口各章农产品平均增长率都为正值，但只有第 13 章（虫胶、树胶等），第 15 章（动、植物油、脂），第 11 章（制粉工业制品），第 23 章（食品工业的残渣及废料）这四章农产品保持两位数的增长，其余都保持一位数的增长，相比于中国对美各章农产品增长速度，显然美国进口各章农产品增速较缓慢。美国进口增长最快的是第 13 章（虫胶、树胶等），第 15 章（动、植物油、脂），第 11 章（制粉工业制品）产品，其中第 13 章（虫胶、树胶等）农产品，增长最快，年均增长 13.69%。中国这三章农产品增长速度分别为 21.39%、21.42%、43.60%，可见美国进口增长速度最快的农产品，中国对美出口增长也较快。中国对美各章农产品出口占对美总出口份额较高的第 3 章（鱼及鱼产品），第 16 章（肉类制品），第 20 章（蔬菜、水果、坚果等）农产品在美国农产品进口中增速为 4.81%、4.88%、7.22%，增长不快。

4.3　中国对美农产品出口结构与美国农产品进口结构匹配性的定量分析

从以上研究可以看出，中国农产品对美农产品出口结构与美国农产品进口结构存在差异，但到底中国农产品对美农产品出口结构与美国农产品进口需求结构差异如何？本节将通过中国对美农产品出口结构与美国农产品进口结构匹配性进行分析，并与其他美国农产品进口大国相比。本节还分析了中国现阶段对美农产品出口结构变化是否与美国农产品进口结构一致，变化幅度如何。

判断一国产品的出口结构是否合理还可以通过该国的产品出口结构是否与目标国的进口需求结构相匹配来进行分析。如果该国的产品出口结构与目标国的进口需求结构匹配性较强，则该国产品出口结构相对于进口国进口需求结构来说较合理，且如果该国产品出口结构变化趋势与进口国进口需求结构变化一致，说明该国产品出口结构相对于进口国来说，在不断优化。现有的文献较少从这个方面去分析，鉴于此本书试图采用中国对美农产品出口结构与美国农产品进口结构匹配性指数来判断中国对美农产品出口结构是否合理，并运用收益性结构变动指数、劳伦斯指数对中国对美农产品出口结构变化进行分析。以期望能够更进一步的了解中国对美农产品出口状况，为促进中国对美农产品出口贸易提供现实依据和决策参考。

4.3.1 研究方法和资料来源

本节主要研究中国对美农产品出口结构与美国农产品进口结构匹配性并对中国对美农产品出口结构变化进行分析，属于国际经济研究范畴，因此为了更好的分析这一问题，本节选取了美国市场上最主要的也是最大的进口来源地进行比较分析，这些国家是加拿大、欧盟、墨西哥、印度、中国、巴西、泰国、澳大利亚、印度尼西亚，由于发展中国家较多，处于研究的需要，本文后面选取了发达国家新西兰，而没有选择发展中国家智利。2016年中国与这9个国家（地区）出口美国的农产品占美国农产品进口约70%，研究中国对美农产品出口结构与美国农产品进口结构匹配性并与这些国家进行对比基本上能够反映出中国对美农产品出口结构状况。

（1）研究方法

本节首先采用Spearman等级相关系数分析了中国农产品出口结构与美国农产品需求结构是否匹配，然后采用收益性结构变动指数动态地评价中国农产品出口结构变化与美国农产品进口需求结构变化一致性，最后采用劳伦斯指数来评估中国对美农产品出口结构波动幅度。

①Spearman等级相关系数。Spearman等级相关系数又称为

秩相关系数，是利用两变量的秩次大小作线性相关分析。其计算公式为：

$$R = 1 - \frac{\sigma \sum D_i^2}{n(n^2 - 1)} \tag{1}$$

上式中，R 为斯皮尔曼秩相关系数，D 为两组变数的秩差，n 为选取变数的个数，本文数值等于 24。$-1 < R < 1$，如果 $|R|$ 越接近于 1，表明相关程度越高，$|R| = 1$ 为完全相关；$|R|$ 越接近于 0，表明相关程度越低，$|R| = 0$ 为完全不相关；$R > 0$ 为正相关；$R < 0$ 为负相关。通常认为，$|R| > 0.8$ 为相关程度较高。

②收益性结构变动指数。收益性结构变动指数是反映贸易结构变化的指数。本文参照 Bender（2001）公式将其重新表示如下：

$$BSCI = \sum_{i=1}^{n} \left\{ \left[\frac{X_{i,t} / \sum_i X_{i,t}}{X_{i,t-1} / \sum_t X_{i,t-1}} - 1 \right] * \left[\frac{Y_{i,t} / Y_{i,t-1}}{\sum Y_{i,t} / \sum Y_{i,t-1}} - 1 \right] * \left(\frac{X_{i,t}}{\sum_i X_{i,t}} \right) \right\} \tag{2}$$

其中 $BSCI$ 为收益性结构变动指数。$X_{i,t}$ 表示一国在 t 年对美出口 i 章农产品出口额，$X_{i,t-1}$ 为 $t-1$ 年一国对美出口 i 章农产品出口额。$Y_{i,t}$ 表示美国在 t 年进口 i 章农产品进口额，$Y_{i,t-1}$ 为 $t-1$ 年美国 i 章农产品进口额。$BSCI$ 值大于 0 说明一国的出口结构出现优化的趋势，$BSCI$ 值越大，结构优化越明显。反之，如果 $BSCI$ 值小于 0 说明一国的出口结构出现恶化的趋势，$BSCI$ 值越小，结构恶化越明显。收益性结构变化指数可以用来测度一国对美农产品出口结构的变化是否向着美国农产品的进口需求结构的动态方向变化，如果是，那么一国对美农产品出口结构与美国农产品进口结构匹配性将会增强。

③劳伦斯指数。劳伦斯指数也是反映贸易结构变化的指数，本文借鉴 Sapir（1996）的劳伦斯指数将其重新表述为：

$$L = \frac{1}{2}\sum_{i=1}^{n}|P_{i,t} - P_{i,t-1}| \quad (3)$$

$P_{i,t}$表示 t 年一国对美出口农产品中 i 章农产品所占比重，$P_{i,t-1}$表示 $t-1$ 年一国对美出口农产品中 i 章农产品所占比重。$0<L<1$，L 值越大，说明对美农产品出口结构的变化越明显，出口结构越不稳定，反之 L 值越小，对美农产品出口结构变化越不明显，出口结构越稳定。

（2）资料来源

为了保证数据的一致性，本节资料均来源于联合国统计署贸易数据库（UN COMTRADE）。本节将采用 HS1996 的商品分类方法，截取 2001—2016 年中国及各主要竞争对手对美农产品出口贸易数据，对中国对美农产品出口结构进行比较分析。

4.3.2 计算结果与分析

（1）中国农产品出口结构与美国农产品进口需求结构匹配性分析

①中国农产品出口结构与美国农产品需求结构匹配性指数计算结果。利用前面介绍的 Spearman 等级相关系数计算中国与各主要竞争对手农产品出口结构与美国农产品需求结构匹配性指数，其 2001—2016 年间中国与各主要竞争对手平均农产品出口结构与美国农产品进口需求结构匹配性指数结果如图 4－1 所示：

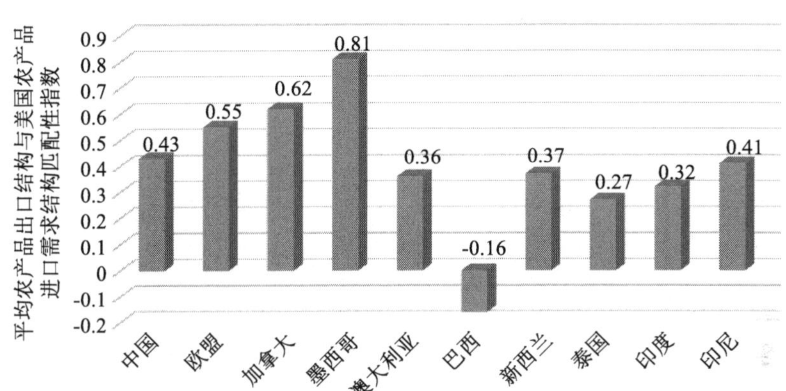

图 4－1　2001—2016 年中国与各主要竞争对手平均农产品出口结构与美国农产品进口需求结构匹配性指数

资料来源：根据联合国 COMTRADE 数据库数据整理。

由所得数据可知，

第一，中国对美农产品出口结构与美国农产品需求结构匹配性不高。2001—2016 年间中国对美农产品出口结构与美国农产品需求结构匹配性指数平均为 0.43，在美国十大进口来源地中，排名第五，处于中等水平，远远低于匹配性指数较高的墨西哥（0.81）、加拿大（0.62）和欧盟（0.55），高于印尼（0.41）、新西兰（0.37）、澳大利亚（0.36）、印度（0.32）、泰国（0.27）和巴西（－0.16）。

第二，中国对美农产品出口结构与美国农产品需求结构匹配性指数呈现先升后降的趋势。2001—2016 年间中国对美农产品出口结构与美国农产品需求结构匹配性指数最低年份为 2001 年的 0.34，随后一直上升到 2006 达到最高点 0.5461，然后下降至 2016 年的 0.34。如图 4－2 所示：

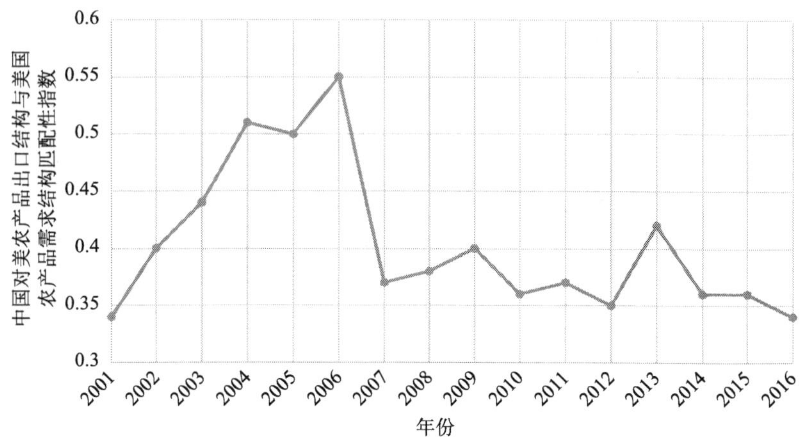

图 4-2　2001—2016 年中国对美农产品出口结构与美国农产品需求结构匹配性指数

资料来源：根据联合国 COMTRADE 数据库数据整理。

②匹配性检验。本节中变量个数 $N=24<30$，通过查斯皮尔曼等级相关系数临界表可得，当 $N=24$ 时，$R_{0.05}=0.344$。若 $R>R_{0.05}$，则认为具有一定的相关性。由所得数据可知，中国对美农产品出口结构与美国农产品需求结构匹配性指数的数值虽然不高，但除 2001 年之外，其余都通过检验，即中国对美农产品出口结构与美国农产品进口需求结构具有匹配性。

与其他美国九大农产品进口来源地比较，墨西哥、加拿大、印度尼西亚各年份都通过了出口匹配性指数的检验，欧盟只有 2012 年没通过检验，说明这些国家农产品出口结构与美国农产品进口需求结构也具有匹配性。泰国和巴西匹配性指数都小于 $R_{0.05}$，说明这些国家农产品出口结构与美国农产品进口需求结构匹配性较差，尤其是巴西，匹配性指数出现负值，说明巴西对美农产品出口结构与美国农产品进口需求结构呈现负相关，即巴西对美农产品出口最多的农产品是美国进口需求在总需求占比较小的农产品。

（2）中国对美农产品出口结构变化分析

①中国与各主要竞争对手对美农产品收益性结构变动指数计算结果如下：

表 4 - 7　2001—2016 年中国与各主要竞争对手对美农产品收益性结构变动指数

单位：%

BSCI	中国	欧盟	加拿大	墨西哥	澳大利亚	巴西	新西兰	泰国	印度	印尼
2001	0.5	20.91	0.61	1.12	0.71	0.40	0.65	0.12	1.18	1.91
2002	0.22	0.12	0.32	0.49	0.67	0.65	0.18	0.65	-0.25	0.59
2003	-4.48	0.10	1.72	-0.15	0.23	2.26	-7.72	-0.15	-215.67	-1.29
2004	0.28	0.58	1.37	0.65	-0.40	19.56	-0.72	0.32	2.20	5.79
2005	-0.30	0.12	2.38	0.18	0.48	1.17	-36.00	0.04	0.40	0.28
2006	12.17	0.41	1.56	0.39	0.92	16.79	0.81	0.06	0.20	-0.32
2007	2.03	0.47	1.61	1.08	0.51	1.42	0.24	1.06	1.91	6.39
2008	0.73	1.04	6.21	0.77	2.48	-1.35	0.12	1.74	1.47	372.97
2009	0.62	0.42	1.24	0.38	0.00	1.17	0.56	-0.34	0.22	3.00
2010	0.25	0.29	0.47	0.34	-0.08	-2.11	0.02	0.08	1.63	0.20
2011	0.76	0.30	2.67	1.05	-32.03	1.79	0.00	0.13	30.93	3.59
2012	1.73	0.77	1.38	0.54	0.22	19.11	0.07	0.97	60.91	-0.08
2013	-0.38	0.21	0.55	2.29	0.43	26.30	0.01	0.59	12.01	-0.54
2014	0.30	0.34	1.63	0.90	6.46	5.04	0.50	-0.07	1.77	35.13
2015	0.20	0.21	0.62	0.24	0.37	-0.99	-0.03	0.53	2.04	0.53
2016	0.43	0.57	0.65	0.55	1.17	-0.28	1.34	0.65	1.04	0.49

资料来源：根据联合国 COMTRADE 数据库数据整理。

由表 4 - 7 可知，2001—2016 年，中国对美农产品收益性结构变动指数除 2003 年、2005 年和 2013 年为负值外，其余年份都为正值，即除2003年、2005年和2013年外，中国对美农产品出口结构和美国农产品进口需求结构变化一致，美国进口需求增加的农产品，中国出口也在增加，中国对美农产品出口结构日趋优化。与其他竞争对手相比，欧盟、加拿大、墨西哥（仅一年为负值）几乎各年数值都为正值，说明这三个国家充分掌握美国市场的进口需求，对美农产品出口结构日趋合理。其余国家都有多年为负值的现象，尤其是印尼和巴西，负值较多，说明这些国家在2001—2016年间对美农产品出口结构变化与美国农产品需求结构变化不一致，对美农产品出口结构存在恶化。值得一提的是发展中国家的印度，在2003年后，对美农产品收益性结构变动指数都为正值，且相比其他国家来说，数值较大，尤其是2011年和2012年，可见，印度对美农产品出口结构与美国进口需求结构相比不断优化。

②中国对美农产品出口结构变动的劳伦斯指数计算结果如图4－3所示：

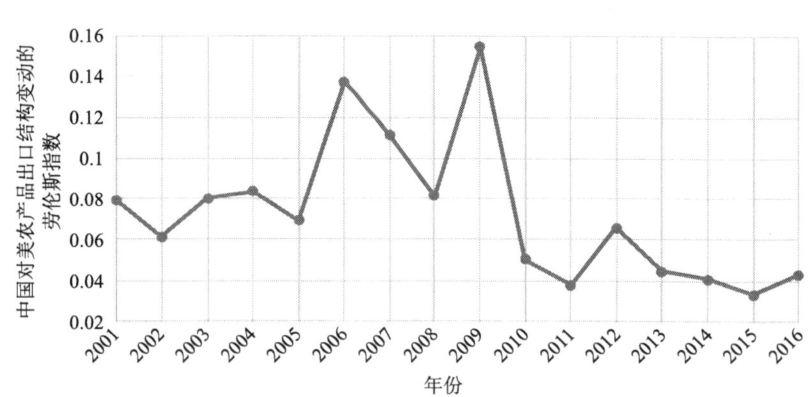

图4－3　2001—2016年中国对美农产品出口结构变动的劳伦斯指数

资料来源：联合国UNCOMTRADE数据数据库。

中国对美农产品出口结构变动的劳伦斯指数如图 4 - 3 所示，2001—2012 年间，中国对美农产品出口结构变动的劳伦斯指数最低年份为 2011 年的 0.0383，最高年份为 2009 年的 0.1545。其中 2009 年美国农产品进口需求受全球金融危机的影响，导致中国对美农产品出口结构变动幅度较大，数值较大。除此之外，各年的数值变化不大，这说明中国对美农产品出口结构变动幅度不是很大，稳定性较强。

表 4 - 8　　2001—2016 年中国及各主要竞争对手对美农产品出口结构变动的平均劳伦斯指数　　单位：%

国家	中国	欧盟	加拿大	墨西哥	澳大利亚	巴西	新西兰	泰国	印度	印尼
L	7.33	6.04	5.13	4.74	5.68	15.01	5.95	4.97	13.34	8.63

资料来源：根据联合国 COMTRADE 数据库数据整理。

相比其他国家（表 4 - 8），中国 2001—2016 年间对美农产品出口结构变动的平均劳伦斯指数为 7.33%，处于第四，位于中间水平。巴西、印度对美农产品出口结构变动的平均劳伦斯指数变化较大，分别为 15.01% 和 13.34%，说明这两个国家对美农产品出口结构波动幅度较大；墨西哥（4.74%）、泰国（4.97%）、加拿大（5.13%）等的对美农产品出口结构变动的平均劳伦斯指数变化较小，这说明这些国家对美农产品出口结构变动幅度不大，非常稳定。

4.3.3　结论

通过对中国对美农产品出口结构的分析可以得出以下几点结论：

（1）相比于美国农产品进口需求结构，中国对美农产品出口结构较为集中。中国对美农产品出口结构中占比较大的为鱼及鱼类产品、肉类制品、蔬菜水果坚果等三章产品，这三类产品占整个出口份额一半以上。

（2）中国对美农产品出口结构与美国农产品进口需求结构匹配性不强。虽然 2001—2016 年间都通过了匹配性检验，中国对美农产品出口结构与美国农产品进口需求结构相关，但相关系数不大，远远落后于墨西哥和加拿大。

（3）中国对美农产品出口结构和美国农产品进口需求结构变化较一致。即相比于美国农产品进口需求结构变化，中国对美农产品出口结构不断优化。

（4）中国对美农产品出口结构变动幅度不是很大，稳定性较强。

由以上结论可知，要想促进中国对美农产品出口，还需要以美国农产品进口需求为向导，进一步优化中国对美农产品出口结构，提高中国对美农产品出口结构与美国农产品进口需求结构匹配性。

第5章

中国对美农产品出口竞争力研究

自加入 WTO 以后，一方面，中美双边农产品贸易发展速度大大落后于工业产品等其他领域，双边农产品贸易没有取得应有的地位，双方农产品贸易领域的发展潜力巨大；另一方面，在中美农产品贸易领域中，中国一直处于贸易逆差，中美两国农产品贸易极不平衡，作为农业大国的中国需要积极发展对美农产品贸易。笔者认为，提高中国对美农产品出口竞争力正是解决这两个问题的主要途径。那么，中国对美农产品出口竞争力如何？本章将从中国与主要竞争对手、中国与印度、中国与泰国进行比较的角度来阐述中国对美农产品出口竞争力状况。

5.1 中国与主要竞争对手对美农产品出口竞争力比较

5.1.1 研究方法和数据来源

（1）研究方法

本节首先运用市场占有率、增长率来分析中国对美农产品出口竞争状况，然后采用出口产品相似度指数来衡量中国与各主要竞争对手对美农产品出口竞争程度，最后用转移份额法分析中国与主要竞争对手的对美农产品出口竞争力强弱。

关于市场占有率、增长率我们已经很熟悉，因此，本节主要介绍出口产品相似度指数和转移份额法。

①出口相似度指数。本节利用出口相似度指数（Exports Similarity Index，ESI）来衡量中国与主要竞争对手对美农产品出口竞争程度。其计算公式为：

$$ESI\left[\sum_{l}\min\left(\frac{X_{iw}^{l}}{X_{iw}},\frac{X_{jw}^{l}}{X_{jw}}\right)\right]\times 100 \tag{1}$$

式中：X_{iw}^{l}和X_{jw}^{l}分别为i国和j国在共同的出口市场w上的l产品出口额；X_{iw}和X_{jw}分别为i国和j国对出口市场w的农产品总出口额。$0<ESI<100$。$ESI=0$，表示i国和j国对出口市场w的出口商品结构完全不一样；$ESI=100$，表示两国对出口市场w的出口商品结构完全一样；ESI越大，表示两国的出口商品结构越相似，在世界市场或第三方市场上的贸易竞争越激烈。

②转移份额分析法（Shift Share Analysis，SSA）。转移份额分析法是一种度量出口竞争力的方法（Horsehide F.，1991；

Vons J. P. , 1998/2003；Wilson P. , 2005；杜丽等，2011），本节参照杜丽等（2011）对转移份额分析法描述。*NS*（Net Shift）表示净转移，它反映了各国的出口竞争力状况：当净转移大于 0 时，表明该国与其他国家相比具有出口竞争优势；当净转移小于 0 时，则表明该国处于出口竞争劣势，*AC*（Actual Change in export）表示实际出口额的变化，*SE*（Share Effect）表示份额效应。其计算公式如下：

$$NS = AC - SE \tag{2}$$

$$AC = X_{li}^{t} - X_{li}^{0} \tag{3}$$

$$SE = X_{i}^{0} P_{lr}^{0} G_{lr} \tag{4}$$

X_{li}^{0}和 X_{li}^{t}分别为 i 国在初期和 t 期在 l 产品上的出口额；X_{i}^{0} 为 i 国在初期的农产品总出口额；P_{lr}^{0}表示初期参照组的 l 产品出口额占其出口总额的比重；G_{lr}为参照组在［0，t］时期内的 l 产品出口增长率。

净转移是 3 个子效应共同作用的结果，即产业结构效应（Industry Structure Effect，ISE）、竞争效应（Competitive Effect，CE）和交互效应（Interactive Effect，IE）；其计算公式为：

$$NS = ISE + CE + IE \tag{5}$$

$$ISE = X_{i}^{0}\ (P_{li}^{0} - P_{lr}^{0})\ G_{ir} \tag{6}$$

$$CE = X_{i}^{0} P_{lr}^{0}\ (G_{li} - G_{lr}) \tag{7}$$

$$IE = X_{i}^{0}\ (P_{li}^{0} - P_{lr}^{0})\ (G_{li} - G_{lr}) \tag{8}$$

P_{li}^{0}表示初期 i 国的 l 产品出口额占其出口总额的比重。G_{li}为 i 国在［0，t］时期内的 l 产品出口增长率。

（2）数据来源

为了保证数据的一致性，本节数据均来源于联合国统计署贸易数据库（ UN COMTRADE）。本节将采用 HS1996 的商品分类方法，截取2001—2016年中国及各主要竞争对手对美农产品贸易数据，对中国出口美国农产品竞争力进行比较和分析。

5.1.2 计算结果与分析

（1）中国与主要竞争对手对美农产品出口比较分析

表5-1　2001—2016年中国与主要竞争对手农产品美国市场占有率

单位：%

国家	中国	欧盟	加拿大	墨西哥	澳大利亚	巴西	新西兰	泰国	印度	印尼	总占有率
2001	2.19	17.39	23.12	11.68	2.97	1.93	1.72	3.55	1.49	1.22	67.26
2002	2.77	18.82	22.65	11.17	3.04	2.22	1.87	3.08	1.66	1.29	68.57
2003	3.21	20.05	20.78	12.06	3.05	2.53	1.84	3.16	1.47	1.14	69.28
2004	3.27	19.89	20.69	12.64	3.24	2.71	2.14	2.97	1.47	1.42	70.43
2005	3.65	18.78	19.96	12.63	3.00	2.63	2.06	2.99	1.46	1.55	68.72
2006	4.38	18.85	19.36	13.12	2.60	3.66	1.79	3.27	1.28	1.54	69.85
2007	4.74	18.83	19.83	12.44	2.64	3.23	1.65	3.06	1.19	1.71	69.32
2008	5.02	16.76	21.09	12.12	2.18	3.45	1.62	3.20	1.28	2.01	68.72
2009	5.10	16.07	19.26	13.52	2.25	2.81	1.59	3.57	1.19	1.87	67.23
2010	5.60	15.86	19.14	13.62	1.98	2.93	1.54	3.67	1.47	1.76	67.57
2011	5.51	15.59	18.66	13.70	1.79	3.71	1.52	3.44	2.89	1.72	68.53
2012	5.57	15.18	18.64	13.24	1.86	3.66	1.59	2.88	5.67	1.70	69.98
2013	5.50	15.66	19.36	14.07	1.86	3.36	1.49	2.63	3.74	1.93	69.59
2014	5.20	15.52	19.19	13.90	2.70	2.96	1.74	2.46	3.28	2.40	69.34
2015	5.12	15.14	18.34	14.74	2.73	2.59	1.78	2.31	2.49	2.16	67.39
2016	5.05	20.29	18.11	15.75	1.95	2.41	1.63	2.40	2.45	2.43	72.47
平均值	4.49	17.42	19.89	13.15	2.49	2.92	1.72	3.04	2.15	1.74	69.02

资料来源：根据联合国COMTRADE数据库数据整理。

表5-2　　2001—2016年中国与主要竞争对手对美农产品出口增长率

单位：%

国家	中国	欧盟	加拿大	墨西哥	澳大利亚	巴西	新西兰	泰国	印度	印尼
2001	4.95	75.15	10.28	-3.96	16.71	-12.54	0.24	-8.92	-3.06	-13.46
2002	34.14	14.62	3.77	1.28	8.35	21.70	15.32	-8.08	17.63	11.57
2003	27.54	17.15	0.84	18.68	10.06	25.36	7.95	12.72	-2.60	-2.78
2004	12.04	9.08	9.52	15.22	17.02	17.92	28.19	3.43	9.87	37.07
2005	21.73	3.03	5.25	9.03	1.03	6.06	4.83	9.95	8.32	19.11
2006	33.79	12.10	8.34	16.05	-3.27	55.11	-2.69	22.23	-1.55	11.23
2007	17.09	8.05	10.75	2.51	9.89	-4.59	-0.68	1.28	0.60	19.98
2008	15.03	-3.30	15.58	5.89	-10.40	15.99	7.03	13.34	16.86	27.44
2009	-7.55	-12.87	-17.00	1.40	-6.27	-25.90	-11.04	1.46	-15.61	-15.20
2010	22.42	10.07	10.82	12.35	-1.83	16.31	7.98	14.68	36.98	5.00
2011	15.98	15.88	14.91	18.50	6.80	49.47	16.26	10.56	132.36	15.10
2012	6.86	2.98	5.68	2.26	10.08	4.21	10.67	-11.65	107.53	4.33
2013	1.52	6.11	6.82	9.31	2.59	-5.60	-3.43	-6.00	-32.13	16.95
2014	1.41	6.15	6.19	5.88	55.30	-5.57	24.91	0.26	-5.93	33.16
2015	-0.89	-1.71	-3.73	6.82	2.07	-11.98	3.30	-5.47	-23.59	-9.44
2016	0.27	36.17	0.36	8.52	-27.47	-5.25	-7.24	5.65	-0.08	14.41
平均值	12.90	12.42	5.52	8.11	5.67	8.79	6.35	3.47	15.35	10.90

资料来源：根据联合国COMTRADE数据数据库整理。

2001—2016年中国与主要竞争对手在美国农产品市场占有率及对美农产品出口增长率见表5-1和表5-2，从中我们不难得出：

①中国农产品在美国市场上占有率排名基本处于第四的位置（即中国是美国农产品第四大进口来源地），处于中间水平。以2016年为例，中国农产品在美国市场占有率为5.05%，大大低

于加拿大（20.29%）、欧盟（18.11%）和墨西哥（15.75%）水平，高于印度（2.45%）、印尼（2.43%）、巴西（2.41%）、泰国（2.40%）、澳大利亚（1.95%）、新西兰（1.61%）。同时从这一数据可以看出美国农产品进口市场格局呈多元化趋势，遍及北美洲、欧洲、亚洲、拉丁美洲等；但也呈现出空间集聚性，加拿大、欧盟和墨西哥三国占比最高达到54.15%（2016年），最低也达到47.06%（2012年）。

②中国农产品在美国市场上的占有率呈先上升后下降的趋势，并且表现最平稳。中国农产品在美国市场上的占有率先从2001年的2.19%上升到2010年的最高5.60%，然后下降到2016年的5.05%。加拿大、欧盟、澳大利亚和泰国则总体呈现出不同程度下降趋势，墨西哥则呈现不断上升的趋势。其中，值得一说的是印度在2001—2010年出口美国农产品呈现下降趋势，但2011年、2012年却增长迅猛，随后又开始下降。

③从增长速度来看，2001—2016年来，在美国的十大农产品进口来源地中，除印度（15.35%）外，中国（12.90%）是增长最快，其次是印尼、巴西和墨西哥。对比研究不难发现，增长最快的主要都是发展中国家，这也说明中国在美国农产品市场上竞争比较激烈的主要是发展中国家。

（2）中国与主要竞争对手对美农产品出口竞争程度比较

利用前面出口相似度指数公式测算了中国与各竞争国的ESI，如表5-3所示，并根据计算结果绘制图5-1：

表5-3　2001—2016年中国与各竞争对手对美出口相似度指数

ESI	中欧	中加	中墨	中澳	中巴	中新	中泰	中印度	中印尼
2001	29.15	43.13	33.19	15.92	51.00	23.62	65.16	48.20	52.34
2002	27.49	44.13	33.09	14.27	52.40	26.41	67.97	48.08	48.42

续表

ESI	中欧	中加	中墨	中澳	中巴	中新	中泰	中印度	中印尼
2003	27. 67	45. 83	32. 68	13. 35	52. 45	24. 99	68. 39	50. 31	51. 79
2004	26. 69	45. 69	33. 94	13. 09	47. 66	23. 80	61. 41	50. 54	55. 57
2005	25. 26	45. 54	33. 80	12. 06	45. 87	21. 42	67. 16	51. 07	57. 34
2006	25. 65	48. 14	36. 26	15. 07	39. 53	23. 73	73. 18	47. 57	50. 39
2007	22. 52	45. 23	35. 11	12. 21	46. 39	20. 50	69. 65	40. 93	42. 54
2008	23. 42	41. 93	33. 03	12. 52	37. 39	20. 84	66. 65	36. 08	40. 90
2009	24. 50	44. 57	33. 25	12. 66	40. 61	22. 39	63. 47	42. 40	52. 94
2010	24. 88	43. 21	31. 37	10. 29	32. 93	20. 65	63. 25	44. 74	55. 19
2011	25. 23	44. 47	32. 65	12. 02	29. 76	18. 94	61. 33	34. 69	52. 77
2012	25. 88	47. 06	30. 48	11. 86	28. 20	19. 83	63. 72	24. 62	48. 71
2013	27. 53	48. 11	30. 05	13. 87	35. 79	20. 08	65. 31	44. 67	51. 50
2014	29. 57	47. 34	30. 27	10. 37	39. 02	17. 89	63. 74	47. 71	52. 12
2015	29. 05	50. 47	30. 47	9. 12	40. 98	17. 21	63. 47	52. 23	51. 49
2016	25. 70	52. 16	32. 29	12. 17	43. 49	20. 08	66. 60	54. 16	47. 44
平均值	26. 26	46. 06	32. 62	12. 55	41. 47	21. 40	65. 65	44. 87	50. 72

资料来源：根据联合国 COMTRADE 数据库数据整理。

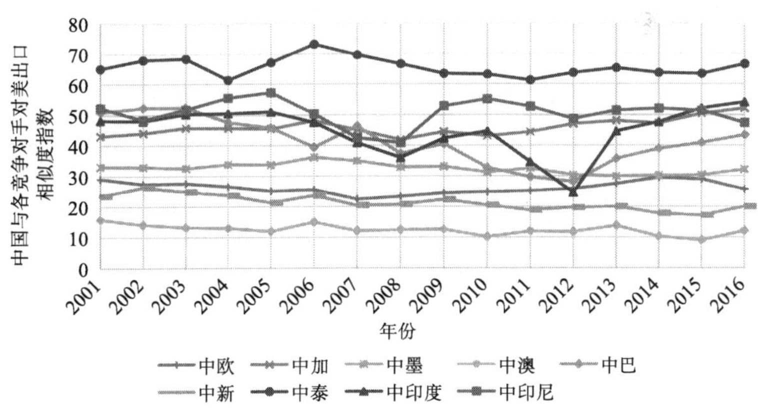

图 5－1　2001—2016 年中国与各竞争对手对美出口相似度指数

资料来源：根据联合国 COMTRADE 数据库数据整理。

从表 5－3 及图 5－1 可以看出：

①中国与发展中国家竞争对手对美出口相似度较高。从2001—2016 年 ESI 平均值来看：目前与中国农产品对美出口相似度最高的是泰国（65. 65）、印尼（50. 72）。这意味着，在中国与这些国家（地区）对美出口的农产品中，出口商品结构非常相似，存在同质的激烈竞争。

②中国与发达国家竞争对手对美农产品出口相似度要低得多。其中，加拿大是与中国对美出口相似度最高的发达国家，2001—2016 年两国的 ESI 平均值为 46. 06，而欧盟、新西兰、与中国的 ESI 平均值分别只有 26. 26、21. 44、12. 55，都处于比较低的水平。

③从变化趋势来看，除中国与印度对美农产品出口相似度在逐渐减弱外，中国与其余国家的 ESI 值都未见明显下降。这说明中国与这些国家在美国农产品进口市场上的竞争态势在近期不会有所改变。

（3）中国与主要竞争力对手对美农产品出口竞争力强弱比较

中国对美农产品出口竞争力来源于什么？中国哪些农产品对美农产品出口具有优势、哪些具有劣势等，本节将利用前面分析的转移份额分析法进行分析，本节的参照组由美国十大农产品进口来源地构成，采用 2001—2016 年数据其计算结果如下。

由表 5－4 和表 5－5 可以得知：

①从农产品总体的 NS 值来看，发展中国家的总体出口竞争力强于发达国家，中国总体出口竞争力较强。发展中国家中，除泰国 NS 值为负外，其余都为正值，而发达国家（或地区）中，除欧盟 NS 值为正外，其余都为负值，说明在美国农产品市场上，发展中国家的总体出口竞争力强于发达国家。就单个国家来

表 5－4　2001—2016 年中国与主要竞争对手的农产品转移份额分析结果

单位：亿美元

指标	中国	欧盟	加拿大	墨西哥	澳大利亚	巴西	新西兰	泰国	印度	印尼
NS	40.12	30.23	－149.17	55.08	－18.91	4.96	－3.35	－21.61	12.39	16.33
ISE	－3.84	6.01	－10.82	15.41	－8.74	1.27	－5.38	0.27	5.38	0.10
CE	47.65	21.36	－155.14	146.69	－12.99	200.21	34.88	29.74	107.82	40.31
IE	－3.69	2.86	16.79	－107.02	2.82	－196.52	－32.85	－51.62	－100.81	－24.08

资料来源：根据联合国 COMTRADE 数据库数据整理。

表 5－5　2001—2016 年中国各类农产品转移份额分析结果

单位：亿美元

指标	1	2	3	4	5	6	7	8	9	10	11	12
NS	0.19	－1.09	12.96	－0.47	0.69	0.27	4.74	－0.08	1.04	－0.31	－0.31	1.03
ISE	－0.14	－1.08	1.86	－0.15	1.63	－0.03	－0.62	－0.81	0.12	－0.31	－0.32	0.26
CE	9.12	－0.96	4.29	－0.50	－0.03	1.56	7.85	1.61	0.81	0.22	0.08	0.42
IE	－8.79	0.95	6.81	0.17	－0.91	－1.26	－2.50	－0.87	0.11	－0.21	－0.07	0.35
指标	1	2	3	4	5	6	7	8	9	10	11	12
NS	2.12	0.06	－0.58	9.69	0.95	－0.64	0.24	8.09	2.81	－4.70	3.53	－0.10
ISE	0.41	0.02	－1.04	1.46	－0.25	－0.50	－0.82	1.65	－0.18	－4.78	－0.24	0.02
CE	0.57	0.01	2.47	1.91	1.95	－0.40	2.56	2.62	3.89	1.21	6.48	－0.09
IE	1.14	0.03	－2.00	6.31	－0.75	0.25	－1.51	3.83	－0.91	－1.12	－2.71	－0.03

资料来源：根据联合国 COMTRADE 数据库数据整理。

看，中国 NS 值为 40.12 亿美元，排名第二，仅次于墨西哥的 55.08 亿美元，加拿大 NS 值为负，且最小。这说明，与竞争对手相比，中国对美农产品出口具有较强的竞争力，加拿大在对美农产品出口上处于劣势。

②从具体产品类别来看，中国第 1 章（活动物），第 3 章（鱼及鱼产品），第 5 章（其他动物产品），第 6 章（活植物），

第7章（食用蔬菜、根及块茎），第8章（食用水果及坚果），第9章（咖啡、茶、马黛茶及调味香料），第12章（油籽和籽仁），第13章（虫胶、树胶等），第14章（其他植物产品），第16章（肉类制品），第17章（糖及糖食），第19章（谷物、淀粉及面粉制品），第20章（蔬菜、水果、坚果等），第21章（可实用杂项制品），第23章（食品工业的残渣及废料）产品NS都为正，说明这些产品在这些国家中对美农产品出口具有竞争力，其中第3章（鱼及鱼产品），第16章（肉类制品），第20章（蔬菜、水果、坚果等），第7章（食用蔬菜、根及块茎），第23章（食品工业的残渣及废料）优势最突出。最具劣势的产品依次为第22章（饮料、酒及醋），第2章（肉及食用杂碎），第18章（可可及可可制品），第15章（动、植物油、脂），第4章（奶制品），第10章（谷物）等九章。

③从净转移子效应来看，整体来看，中国产业结构效应为负，竞争效应为正，交互效应为负。中国产业结构效应在参照组里排名第七，仅高于加拿大、澳大利亚和新西兰，说明中国对美农产品出口在这些国家中不具有产业结构优势，即中国农产品的出口竞争力不是得益于发展迅速的农产品出口比重上升快于各主要竞争国。具体到产品类别，中国的出口结构劣势主要来源于第22章（饮料、酒及醋），第2章（肉及食用杂碎），第15章（动、植物油、脂），第8章（食用水果及坚果），第7章（食用蔬菜、根及块茎）等章产品。

从竞争效应来看，巴西农产品竞争优势为200.21亿美元，遥遥领先，中国及其他参照组国家无法与之比拟，中国在其排名第四，虽然为正值47.65，具有竞争优势，但并不明显，中国竞争优势主要来源于第1章（活动物），第7章（食用蔬菜、根及块茎），第23章（食品工业的残渣及废料），第3章（鱼及鱼产品），第20章（蔬菜、水果、坚果等）等产品。

从出口产品结构和出口增速的交互效应来看，中国交互效应为负，虽然整体来看数值较小，但也说明中国没有很好地利用结构优势和竞争优势之间的良性互动。要说明的是第3章（鱼及鱼产品），第16章（肉类制品），第20章（蔬菜、水果、坚果等）产品上正值较大，交互效应较好，应该继续保持。而在第1章（活动物），第23章（食品工业的残渣及废料），第15章（动、植物油、脂），第7章（食用蔬菜、根及块茎）产品上负值较大，中国应该更进一步专业化生产具有竞争优势的产品。如第1章（活动物），第6章（活植物），第7章（食用蔬菜、根及块茎），第17章（糖及糖食），第23章（食品工业的残渣及废料）等产品；或者在现有结构优势下进一步培养产品竞争优势，如第5章（其他动物产品），第24章（烟草及烟草制品）；亦或减少生产自己不具有竞争优势的出口产品如第2章（肉及食用杂碎），第18章（可可及可可制品）。

5.1.3　结论

通过对中国与主要竞争对手对美农产品出口竞争力的比较可以得出以下几点结论，归纳如下：

（1）加入WTO后，中国对美农产品出口增速较快，在美国市场上的占有率不断上升，中国正在扩大对美农产品出口贸易，但总体出口规模仍然不大，只占美国市场份额5%以上，远远落后于加拿大、欧盟和墨西哥。

（2）中国对美农产品出口结构与发展中国家相似，因此，在美国农产品市场上，中国农产品更多地与发展中国家即泰国、印尼、印度、巴西存在着激烈的竞争。

（3）中国对美农产品出口具有整体竞争力，且在美国十大进口来源国中，排名第二，仅次于墨西哥，具体来说，中国在第3章（鱼及鱼产品），第16章（肉类制品），第20章（蔬菜、水果、坚果等），第7章（食用蔬菜、根及块茎），第23章（食品工业的残渣及废料）等章产品具有优势。在第22章（饮料、酒及醋），第2章（肉及食用杂碎），第18章（可可及可可制品）等产品在竞争中处于劣势。

（4）中国对美农产品出口具有结构劣势和竞争优势，交互效应为负。其中结构劣势主要来源于第22章（饮料、酒及醋），第2章（肉及食用杂碎），第15章（动、植物油、脂），第8章（食用水果及坚果），第7章（食用蔬菜、根及块茎）等章产品，竞争优势主要来源于第1章（活动物），第7章（食用蔬菜、根及块茎），第23章（食品工业的残渣及废料），第3章（鱼及鱼产品），第20章（蔬菜、水果、坚果等）等产品。交互正效应主要来源于第3章（鱼及鱼产品），第16章（肉类制品），第20章（蔬菜、水果、坚果等）等章产品，交互负效应主要来源于第23章（食品工业的残渣及废料），第1章（活动物），第15章（动、植物油、脂），第13章（虫胶、树胶等）产品。

5.2　中国与印度对美农产品出口竞争力比较

中国和印度是世界上两个最大的发展中国家，都是贸易大国，同属于金砖国家，都积极参与国际市场的竞争，很多人都关注中印两国的竞争。如“中国制造”和“印度制造”是否会在世界市场上竞争不断加剧、“中国软件外包服务业或走印度老路后生可畏”等，但研究的对象更多趋于制造业和服务业，农业方面研究得却很少。中国和印度都是传统的农业大国，地理位置也毗邻，在自然资源禀赋、农业生产条件、农业生产技术水平和市场辐射等也都有相似之处，那么是否意味着中国和印度在农产品贸易方面也具有很强的竞争性呢？是中国农产品更具竞争力还是印度呢？鉴于分析产品的竞争性在相同的出口市场上更能体现出来，而美国一直是中国农产品最重要的出口市场，也是印度最大的农产品出口来源地，因此本节试以美国市场为分析基础，对两国农产品出口竞争状况进行探讨，以期得到有关的结论。

本节内容研究方法与本书前面写到的研究中国与主要竞争对手对美农产品出口竞争力的研究方法一致，即首先运用市场占有率、增长率来分析中印对美农产品出口现状，然后采用出口产品相似度指数来衡量中印农产品对美出口竞争程度，最后用转移份额法分析中印对美农产品出口竞争力强弱。

5.2.1　中国与印度对美农产品出口对比分析

中印农产品在美国市场占有率及增长率测算结果如图 5－2、图 5－3 所示，从中我们不难得出：

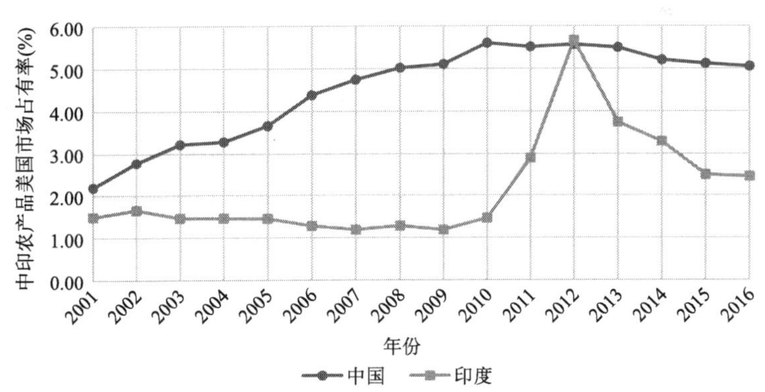

图 5－2　2001—2016 年中印农产品美国市场占有率

资料来源：根据联合国 COMTRADE 数据库整理。

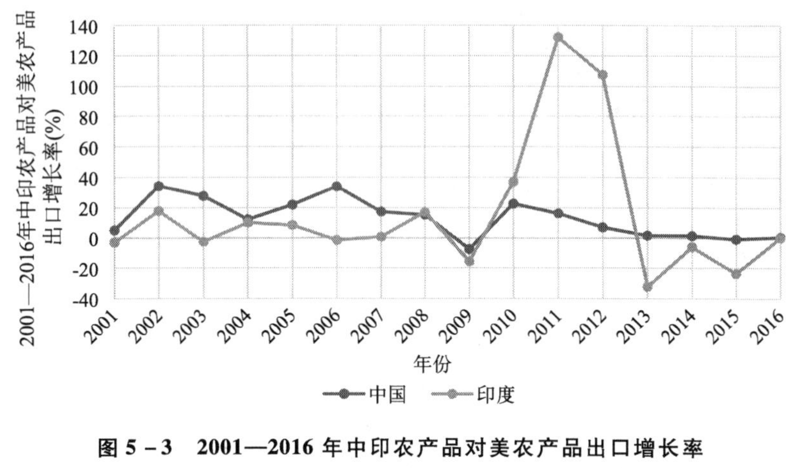

图 5-3　2001—2016 年中印农产品对美农产品出口增长率

资料来源：根据联合国 COMTRADE 数据库数据整理。

（1）中国农产品在美国市场上占有率普遍大于印度。2001—2016 年，中国农产品在美国市场上平均占有率为 4.49%，大于印度的平均占有率 2.15%，且除 2012 年（中国农产品美国市场占有率为 5.57%，而印度为 5.67%，中国略低于印度）外，中国农产品在美国市场上占有率都大于印度。但两国所占比率都不高，以 2012 年为例，在美国农产品进口市场中分列第四、五的位置，大大低于排名前三的加拿大（18.65%）、欧盟（13.53%）和墨西哥（12.74%）水平，说明中印农产品在美国市场上地位不高，但出口潜力巨大。

（2）中印农产品在美国市场上占有率变化趋势不同。中国农产品在美国市场上的占有率呈先上升后下降趋势并且表现平稳，从 2001 年的 2.19% 上升到 2012 年的 5.57%（2010 年除外）随后下降到 2016 的 4.87%。而印度则呈现先降后升再降的趋势，且波动幅度较大。其中，2010 年呈现上升趋势后，2011 年、2012 年增长迅猛，随后又快速下降。

（3）从增长速度来看，印度整体增速快于中国。2001—2016 年印度平均增速为 15.35%，而中国为 12.90%。具体到各年份，2002—2007 年，中国增速远快于印度，而 2008—2012 年，印度增速远快于中国，尤其是 2011 年和 2012 年，印度对美出口农产品增速达到 132.36% 和 107.53%，大大高于中国。

5.2.2　中国和印度对美农产品出口竞争程度比较

利用前面出口相似度指数公式测算中印对美农产品出口贸易的 ESI，并根据计算结果绘制图 5－4。

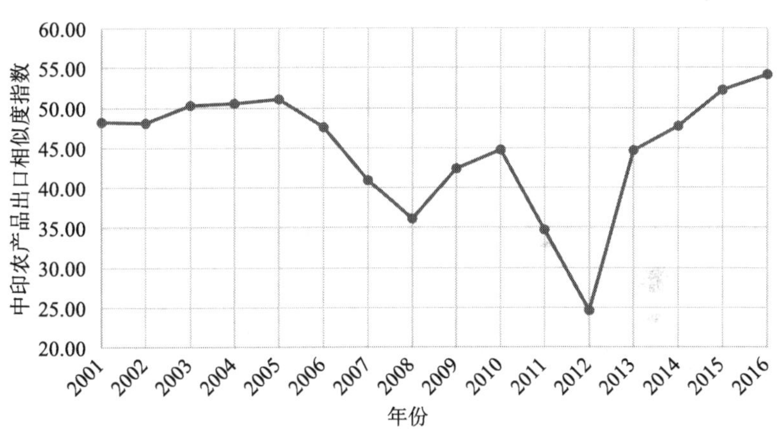

图 5－4　2001—2016 年中印农产品出口相似度指数

资料来源：根据联合国 COMTRADE 数据库数据整理。

从图 5－4 可以明显地看出：中国与印度对美农产品的出口相似度指数先升后降再升的趋势。中国与印度对美农产品出口相似度 2005 年达到第一个最高点为 51.07，然后下降到最低年份 2012 年，只有 24.63，然后又开始一直上升，到 2016 年的 54.16。这意味着中国与印度对美农产品出口中竞争性呈现先加强后减弱再加强的趋势。具体到各章节农产品，以2016年为例，中国与印度具体农产品重合度较高的为第3章（鱼及鱼产品），第13章（虫胶、树胶等），第9章（咖啡、茶、马黛茶及调味香料），第12章（油籽和籽仁），第8章（食用水果及坚果）产品，即鱼及与鱼产品、虫胶等、咖啡等、油籽和籽仁、食用水果及坚果，其数值分别为23.98、3.52、3.01、2.26、2.25，相比于其他章的农产品，中印这些农产品在美国市场上存在着较为激烈的竞争。

5.2.3　中国与印度对美农产品出口竞争力强弱比较

利用前面分析的转移份额分析法对中国与印度对美农产品出口竞争力强弱进行分析，参照组由中国和印度构成，采用2001—2016年数据分四个时间段2001—2004年、2005—2008年、2009—2012年、2013—2016年来进行考查（之所以如此划分，是因为2009年遭受全球金融危机的影响，农产品贸易也受影响，随后进入恢复期，所以把这时期划分为一个时间段，基于此又把前面均分为两个时间段，后面分一个时间段），其计算结果如表5-6、表5-7、表5-8所示：

表5-6　2001—2016年中国与印度农产品转移份额分析结果

单位：亿美元

时间段	NS	ISE	CE	IE
2001—2004	7.94	10.56	17.34	-19.97
2005—2008	18.14	12.29	26.46	-20.61
2009—2012	-238.56	-154.24	-232.37	148.04
2013—2016	20.92	98.00	24.43	-101.51

资料来源：根据联合国COMTRADE数据库数据整理。

表 5-7　**2001—2016 年中国与印度各章农产品净转移分析结果**　单位：亿美元

NS	1	2	3	4	5	6	7	8	9	10	11	12
2001—2004	0.05	0.03	1.95	0.01	0.99	-0.06	1.14	-0.07	0.47	0.20	-0.01	0.12
2005—2008	0.12	-0.03	3.94	-0.19	-0.01	0.02	1.51	0.95	-1.90	-0.58	0.00	-1.21
2009—2012	-0.01	0.03	-15.59	-1.62	0.87	-0.07	1.15	-3.61	-3.98	-2.88	-0.35	-1.95
2013—2016	0.17	-0.09	-3.05	0.15	-0.60	0.15	2.38	2.11	-0.32	0.44	-0.27	-0.70
NS	13	14	15	16	17	18	19	20	21	22	23	24
2001—2004	-0.26	0.00	-0.38	0.60	0.20	0.05	0.08	2.41	0.39	0.03	0.07	-0.07
2005—2008	-1.39	0.01	-0.38	7.73	0.66	0.14	-0.12	6.73	-0.26	0.04	2.70	-0.35
2009—2012	-217.49	0.04	-1.54	3.13	-0.70	-0.02	-1.00	4.33	-0.13	0.11	2.81	-0.09
2013—2016	25.69	0.01	0.15	-2.96	0.05	-0.15	0.02	-2.30	0.94	0.20	-1.11	0.01

资料来源：根据联合国 COMTRADE 数据库数据整理。

表 5-8　**2013—2016 年中国与印度各章农产品净转移子效应分析结果**　单位：百万美元

NS	1	2	3	4	5	6	7	8	9	10	11	12
NS	0.17	-0.09	-3.05	0.15	-0.60	0.15	2.38	2.11	-0.32	0.44	-0.27	-0.70
ISE	-0.05	13.21	-0.14	0.12	-0.78	0.00	3.82	1.25	-0.34	0.43	-0.09	-0.06
CE	0.00	-0.07	-3.06	0.30	0.00	0.16	-0.14	2.53	0.03	0.37	-0.39	-0.83
IE	0.22	-13.23	0.15	-0.26	0.18	-0.02	-1.30	-1.68	-0.02	-0.37	0.21	0.19
NS	13	14	15	16	17	18	19	20	21	22	23	24
NS	25.69	0.01	0.15	-2.96	0.05	-0.15	0.02	-2.30	0.94	0.20	-1.11	0.01
ISE	23.56	0.02	0.16	36.78	0.92	-0.17	0.11	2.96	0.24	0.03	15.96	0.03
CE	28.28	0.00	-0.02	-2.03	-0.09	0.05	-0.07	-0.45	0.33	0.03	-0.45	-0.05
IE	-26.15	-0.01	0.01	-37.71	-0.78	-0.02	-0.02	-4.81	0.36	0.14	-16.62	0.03

资料来源：根据联合国 COMTRADE 数据库数据整理。

由上述表格可以得知（由于本节只选取中印两个研究对象，其研究结果中印相反，因此下面只挑选中国进行说明）：

（1）对净转移的结果分析

从农产品总体的数值来看，与印度相比，中国农产品在美国市场上由具有竞争优势变为竞争劣势再到具有竞争优势。在考查的四段时期内，中国NS值前两期及第四期为正值，第三期为负值且负值较大（负238.56亿美元），而印度前两期及第四期为负值，后期为正值且正值较大（正238.56亿美元），说明在对美农产品出口中，中国竞争优势不明显，没有绝对优势。

从具体产品类别来看，在考查的四个时段都为正值的有第7章（食用蔬菜、根及块茎），第14章（其他植物产品），第22章（饮料、酒及醋）产品，说明相对于印度中国在这些产品上一直处于竞争优势；在考查四个阶段几乎都为负值的有第9章（咖啡、茶、马黛茶及调味香料），第11章（制粉工业制品），第15章（动、植物油、脂），第24章（烟草及烟草制品）产品，说明中国在这些产品上具有竞争劣势，其中第15章（动、植物油、脂），第24章（烟草及烟草制品）产品在2013—2016年这一阶段变为正值，虽然不大，但说明中国在这些产品方面竞争力得以提高。NS值由正变为负值的有第3章（鱼及鱼产品），第9章（咖啡、茶、马黛茶及调味香料），第12章（油籽和籽仁），第16章（肉类制品），第18章（可可及可可制品），第20章（蔬菜、水果、坚果等），第23章（食品工业的残渣及废料）产品，说明中国这些农产品竞争优势丧失，由竞争优势地位变为劣势地位，不再具有竞争力；由竞争劣势变为优势的有第13章（虫胶、树胶等），第15章（动、植物油、脂），第24章（烟草及烟草制品）产品，由前三期的负值变为后面一期的正值。

（2）对于净转移的子效应的结果分析

各期的 ISE 和 CE 与 NS 值的变化一致，第一、二、四期都是为正值，第三期为负值，且负值较大，分别为负 154.24 和负 232.37 亿美元。IE 则相反，第一、二、四期都是为负值，第三期为正值，且正值较大，为 148.04 亿美元，这说明在对美农产品出口中，相比于印度，中国农产品出口竞争力的下降归因于出口比重下降所产生的产业结构效应以及出口减速产生的竞争效应。

从具体产品类别来看，以 2013—2016 年这一时段为例，结构效应、竞争效应、交互效应都为正值的有第 21 章（可实用杂项制品），第 22 章（饮料、酒及醋）产品，说明这些农产品之所以具有出口竞争力得益于出口比重上升所产生的产业结构效应和出口提速带来的竞争效应；结构效应和竞争效应都为负值、交互效应为正值的有第 3 章（鱼及鱼产品），第 11 章（制粉工业制品），第 12 章（油籽和籽仁）产品虽然中国没有大规模生产这些没有优势的农产品，但出口份额与印度相比下降，出口减速导致竞争力为负。结构效应为负、竞争效应为正、交互效应为负的有第 9 章（咖啡、茶、马黛茶及调味香料），第 18 章（可可及可可制品）产品，说明虽然这些农产品具有优势，但由于中国出口商品结构不合理，没有进行大规模出口，使得这些产品不具有竞争力；结构效应为负、竞争效应为正、交互效应为正的有第 1 章（活动物），第 5 章（其他动物产品）产品，说明这些产品具有竞争效应，应该提升它在出口产品里的份额；结构效应为正、竞争效应为负、交互效应为负的有第 2 章（肉及食用杂碎），第 7 章（食用蔬菜、根及块茎），第 16 章（肉类制品），第 17 章（糖及糖食），第 19 章（谷物、淀粉及面粉制品），第 20 章（蔬菜、水果、坚果等），第 23 章（食品工业的残渣及废料）产品，说明虽然中国这些农产品产量大，农产品出口结构合理，但出口增长缓慢，不具有竞争效应，竞争力依然为负；结构效应为正、竞争效应为负、交互效应为正的有第 15 章（动、植物油、脂），第 24 章（烟草及烟草制品）产品，说明中国这些农产品生产规模小，发展缓慢出口减速，不具有竞争力。

5.2.4 结论

通过对中国与印度对美农产品出口竞争力的比较和分析可以得出以下几点结论：

（1）目前，中国在美国市场上所占份额普遍高于印度，但地位都不高。

（2）虽然中印两国都在扩大对美农产品出口贸易，但印度发展更快、势头更猛。

（3）中国与印度对美农产品出口相似度呈先下降后上升趋势，由竞争变为互补又变为竞争。

（4）从整体来看，相比于印度，中国对美农产品出口竞争力由强变弱再到强的过程。从具体产品来看，目前，中国具有出口竞争力的有第 1 章（活动物），第 4 章（奶制品），第 6 章（活植物），第 7 章（食用蔬菜、根及块茎），第 8 章（食用水果及坚果），第 10 章（谷物），第 13 章（虫胶、树胶等），第 14 章（其他植物产品），第 15 章（动、植物油、脂），第 17 章（糖及糖食），第 19 章（谷物、淀粉及面粉制品），第 21 章（可实用杂项制品），第 22 章（饮料、酒及醋），第 24 章（烟草及烟草制品）产品。

5.3 中国与泰国对美农产品出口竞争力比较

泰国是东盟的农业生产和出口大国，是亚洲唯一的粮食净出口国和世界上主要粮食出口国之一，其土地肥沃，资源条件优越，农产品品种丰富，被誉为“东南亚粮仓”，是世界最大的橡胶、木薯、稻米出口国，还盛产热带水果、黄麻、野生药材、咖啡、竹类。中国和泰国农产品在国际市场上是否具有很强的竞争性呢？是中国农产品更具竞争力还是泰国呢？本节试以美国市场为分析基础，对两国农产品竞争状况进行探讨，以期得到有关的结论。

本节内容研究方法与本书前面写到的研究中国与主要竞争对手对美农产品出口竞争力比较、中国与印度对美农产品出口竞争力比较的研究方法一致，即首先运用市场占有率、增长率来分析中泰农产品在美国市场上的总体状况，然后采用出口产品相似度指数来衡量中泰在美国农产品市场上的竞争程度，最后用转移份额法分析中泰农产品竞争力强弱。

5.3.1　中国与泰国对美农产品出口比较分析

中泰农产品在美国市场占有率及增长率测算结果见图 5－5、图 5－6，从中我们不难得出：

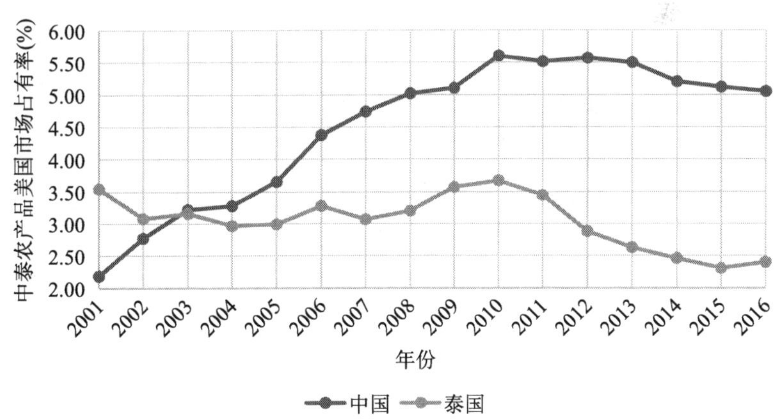

图 5－5　2001—2016 年中泰农产品美国市场占有率

资料来源：根据联合国 COMTRADE 数据库数据整理。

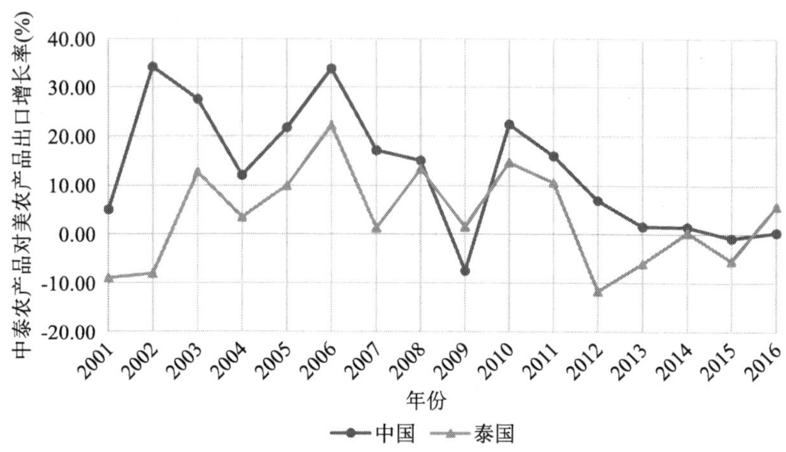

图 5－6　2001—2016 年中泰农产品对美农产品出口增长率

资料来源：根据联合国 COMTRADE 数据库数据整理。

(1) 中国农产品在美国市场上占有率高于泰国。2016 年，中国农产品在美国市场占有率为 5.05%，而泰国为 2.40%，中国高于泰国；而在 2002 年之前，泰国农产品在美国市场上占有率高于中国，说明加入 WTO 后，中国对美农产品出口份额大大提高。但整体来看两国所占比率都不高，2016 年所占份额大大低于排名前三的加拿大（18.11%）、欧盟（20.29%）和墨西哥（15.75%）水平，中泰农产品对美出口潜力巨大。

(2) 从增长速度来看，中国整体增速快于泰国。2001—2016 年中国平均增速为 12.90%，而泰国为 3.47%。具体到各年份，除 2009 年（受国际金融危机的影响）及 2016 年对美农产品出口增长率低于泰国外，其余年份都高于泰国。

5.3.2　中国与泰国对美农产品出口竞争程度比较

利用前面出口相似度指数公式测算中泰对美农产品出口的 ESI，并根据计算结果绘制图 5－7：

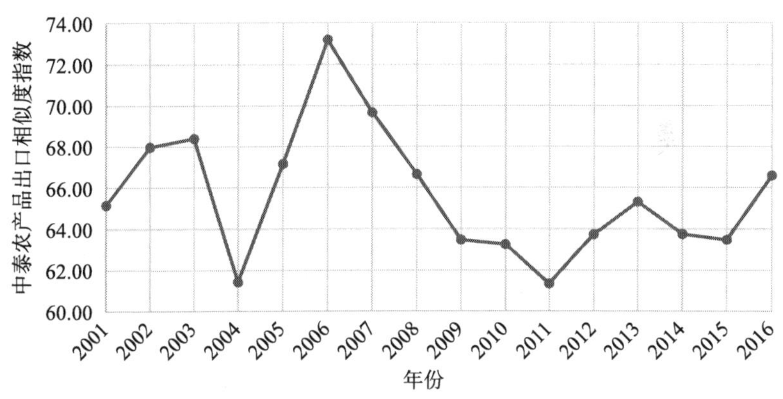

图 5－7　2001—2016 年中泰出口相似度指数

资料来源：根据联合国 COMTRADE 数据库数据整理。

从图 5－7 可以看出：

（1）中国与泰国对美农产品的出口相似度指数最高。从 2001—2016 年 ESI 平均值来看：中国与泰国农产品出口相似度最高，达到 65.65，远远高于第二的中国和印尼 50.72。从逐年各数值看，泰国也是年年与中国保持出口相似度最高的国家，2006 年最高达到 73.18，最低年份 2011 年也有 61.33，这意味着，中国对美农产品出口商品结构与泰国最为相似，存在最激烈竞争。

（2）从变化趋势来看，中国与泰国对美农产品出口相似度呈先升后降再上升的趋势，但变化缓慢，幅度很小，数值都维持在60以上。这说明中国与泰国在美国农产品进口市场上的竞争状况在近期不会有所改变。

（3）从具体农产品来看，2016年，中国与泰国出口美国农产品重合度较高的为第3章（鱼及鱼产品），第16章（肉类制品），第20章（蔬菜、水果、坚果等）产品，即鱼及与鱼产品、肉类制品及蔬菜、水果、坚果或植物其他部分的制品，其数值分别为14.70、17.05、14.71，相比于其他章的农产品，中泰这些农产品在美国市场上竞争最为激烈。

5.3.3 中国与泰国对美农产品出口竞争力强弱比较

本节将利用前面分析的转移份额分析法对中国与泰国对美农产品出口竞争力强弱进行分析，参照组由中国和泰国构成，采用2001—2016年数据分三个时间段2001—2004年、2005—2008年、2009—2012年、2013—2016年来进行考查，其计算结果如表5-9、表5-10、表5-11所示：

表5-9 2001—2016年中国与泰国农产品转移份额分析结果

单位：亿美元

时间段	NS	ISE	CE	IE
2001—2004	10.19	10.63	19.79	-20.24
2005—2008	11.22	-1.87	50.35	-37.25
2009—2012	18.62	8.30	17.42	-7.11
2013—2016	0.46	10.15	-1.93	-7.75

资料来源：根据联合国COMTRADE数据库数据整理。

表 5 - 10 2001—2016 年中国与泰国各章农产品净转移分析结果

单位：亿美元

NS	1	2	3	4	5	6	7	8	9	10	11	12
2001—2004	0.04	0.04	4.74	0.18	0.97	0.02	1.01	0.37	0.36	-0.22	0.01	0.26
2005—2008	0.12	-0.02	-2.29	-0.07	0.00	-0.01	1.20	0.25	0.31	-1.99	-0.04	0.40
2009—2012	-0.02	-0.02	5.20	0.06	0.90	0.05	1.01	0.09	0.69	-0.37	-0.22	1.11
2013—2016	0.17	-0.02	-1.56	-0.11	-0.66	0.05	2.89	-0.27	0.28	1.74	-0.16	-0.45
NS	13	14	15	16	17	18	19	20	21	22	23	24
2001—2004	-0.13	-0.01	0.06	0.09	0.28	0.03	0.12	1.74	0.29	0.04	-0.04	-0.04
2005—2008	0.40	0.01	0.10	4.05	0.69	0.28	-0.37	6.08	0.05	0.07	2.09	-0.10
2009—2012	1.02	0.05	0.46	2.92	-0.24	-0.06	0.20	4.01	-0.26	0.14	1.98	-0.05
2013—2016	0.54	0.01	-0.28	5.75	-0.24	0.08	0.21	-6.38	0.46	0.05	-1.60	-0.03

资料来源：根据联合国 COMTRADE 数据库数据整理。

表 5 - 11 2013—2016 年中国与泰国各章农产品净转移子效应分析结果

单位：亿美元

2013—2016	1	2	3	4	5	6	7	8	9	10	11	12
NS	0.17	-0.02	-1.56	-0.11	-0.66	0.05	2.89	-0.27	0.28	1.74	-0.16	-0.45
ISE	0.06	-0.02	1.23	0.05	2.16	-0.04	-0.98	0.20	0.68	1.74	-0.05	0.10
CE	0.00	0.00	-1.46	-0.12	-0.06	0.17	0.35	-0.34	-0.02	1.50	-0.65	-0.07
IE	0.11	0.00	-1.33	-0.05	-2.76	-0.08	3.52	-0.14	-0.38	-1.49	0.54	-0.48
2013—2016	13	14	15	16	17	18	19	20	21	22	23	24
NS	0.54	0.01	-0.28	5.75	-0.24	0.08	0.21	-6.38	0.46	0.05	-1.60	-0.03
ISE	-1.83	0.02	-0.02	3.08	0.68	3.06	-0.05	0.07	-0.31	0.09	0.21	0.00
CE	0.36	0.00	-0.03	4.92	-0.34	-0.10	0.43	-6.34	1.39	-0.03	-1.47	-0.02
IE	2.00	0.00	-0.23	-2.25	-0.59	-2.88	-0.17	-0.11	-0.62	-0.02	-0.34	-0.02

资料来源：根据联合国 COMTRADE 数据库数据整理。

由表 5－9、表 5－10、表 5－11 可以得知（由于本节只选取中泰两个研究对象，其研究结果中泰相反，因此下面只挑选中国进行说明）：

（1）对净转移的结果分析

从农产品总体的数值来看，与泰国相比，中国对美农产品出口具有竞争力。在考查的四段时期内，中国 NS 值都为正值，分别为 10.19、11.22、18.62、0.46 亿美元，说明在对美农产品出口中，中国一直处于竞争优势地位。

从具体产品类别来看，在考查的四个时段都为正值有第 7 章（食用蔬菜、根及块茎），第 9 章（咖啡、茶、马黛茶及调味香料），第 16 章（肉类制品），第 22 章（饮料、酒及醋）产品，说明相对于泰国中国在这些产品上一直具有竞争力；在考查四个阶段都为负值的有第 24 章（烟草及烟草制品）产品，说明中国在这章产品上不具有竞争力，处于竞争劣势；NS 值由正变为负值的有第 2 章（肉及食用杂碎），第 5 章（其他动物产品），第 8 章（食用水果及坚果），第 11 章（制粉工业制品），第 12 章（油籽和籽仁），第 15 章（动、植物油、脂），第 17 章（糖及糖食），第 20 章（蔬菜、水果、坚果等）产品，说明中国在这些农产品上竞争优势丧失，由竞争优势地位变为劣势地位，不再具有竞争力；NS 值由负变为正值的有第 10 章（谷物），第 13 章（虫胶、树胶等），第 14 章（其他植物产品）产品，说明中国在这些农产品上由竞争劣势变为优势。

（2）对于净转移的子效应的结果分析

ISE 的第一、三、四期为正，说明中国农产品竞争力部分来源于出口比重的提升带来的结构效应；CE 前三期都为正值，且数值较大，说明中国农产品相比泰国之所以具有竞争力主要归因于出口提速带来的竞争效应，第四期为负，说明出口增速放缓，对中国农产品竞争力产生负的效应；IE 四期都为负值，说明中国农产品结构效应和竞争效应交互效应为负，中国应该进一步扩大具有竞争优势农产品的出口。对于第二期，ISE 为负，CE 为正，IE 为负，中国农产品具有很强的竞争效应，但是由于出口比重下降带来负的结构效应，中国也因没能出口具有较强竞争优势的农产品而产生较大的负的交互效应。

从具体产品类别来看，以 2013—2016 年这一时段为例，结构效应、竞争效应、交互效应都为正值的有第 1 章（活动物），第 9 章（咖啡、茶、马黛茶及调味香料），第 14 章（其他植物产品）产品，说明这些农产品之所以具有出口竞争力得益于出口比重上升所产生的产业结构效应和出口提速带来的竞争效应，中国在这些农产品上出口量也大；结构效应、竞争效应、交互效应为负值的有第 15 章（动、植物油、脂）产品，说明这章产品出口份额与泰国相比下降，出口减速导致竞争力为负；结构效应为负、竞争效应为正、交互效应为负的有第 6 章（活植物），第 19 章（谷物、淀粉及面粉制品），第 21 章（可实用杂项制品）产品，说明虽然这些农产品具有竞争优势，但由于中国出口商品结构不合理，使得这些产品不具有竞争力；结构效应为正、竞争效应为负、交互效应为负的有第 3 章（鱼及鱼产品），第 4 章（奶制品），第 5 章（其他动物产品），第 8 章（食用水果及坚果），第 9 章（咖啡、茶、马黛茶及调味香料），第 12 章（油籽和籽仁），第 17 章（糖及糖食），第 18 章（可可及可可制品），第 20 章（蔬菜、水果、坚果等），第 22 章（饮料、酒及醋），第 23 章（食品工业的残渣及废料），第 24 章（烟草及烟草制品）产品，说明虽然中国这些农产品产量大，农产品出口结构合理，但出口增长缓慢，不具有竞争效应。

5.3.4 结论

通过对中泰农产品在美国市场上的竞争性进行分析可以得出以下几点结论：

（1）目前，中国农产品在美国市场上的份额高于泰国，出口增速也超过泰国。

（2）中国与泰国出口美国农产品相似度较高，竞争较为激烈。

（3）从整体来看，相比于泰国，中国对美农产品出口更具竞争力。从具体产品来看，目前，中国具有出口竞争力的有第1章（活动物），第6章（活植物），第7章（食用蔬菜、根及块茎），第9章（咖啡、茶、马黛茶及调味香料），第10章（谷物），第13章（虫胶、树胶等），第14章（其他植物产品），第16章（肉类制品），第18章（可可及可可制品），第19章（谷物、淀粉及面粉制品），第21章（可实用杂项制品），第22章（饮料、酒及醋）产品，在其他章农产品上不具有出口竞争力。

中国对美农产品出口贸易成本及其效应分析

在中美农产品贸易领域中，中美两国的农产品贸易不仅规模很小，在中美双边贸易总额的比重也较小，而且中国一直处于贸易逆差，且贸易逆差逐年扩大。是否是中国对美农产品出口贸易成本太大阻碍中国对美农产品出口贸易增长？中国对美农产品出口贸易成本如何？中国对美农产品出口贸易成本又对中国对美农产品出口增长的效应如何？本章将围绕着这些问题进行分析，以期对中国对美农产品出口贸易成本有较清楚的了解，为促进中国对美农产品出口贸易提供对策建议。

6.1　贸易成本及其构成

贸易成本是指除了商品生产成本之外使产

品到达最终用户发生的所有成本，包括运输成本、信息成本、政策壁垒、合同执行成本、汇率成本、法律和规制成本以及当地分销成本（批发和零售）。

运输成本是指进出口货物从生产地运抵消费地出售，其间所发生的各项费用。按照形态，可将运输成本分为两种类型：一种是有形的运输成本，即与货物移动直接联系在一起的费用；另一种是无形的费用，与货物空间转移没有直接联系，但却是转移过程中必不可少的费用，因此，在国际贸易中也归入运输成本之内。包括货物本身垫付成本的利息，货物进出口关境过程中的报关、验关等因素引致的搁置费用，货物保险费等（李瑞华，2009）。

政策壁垒是指一个或多个国家通过立法的手段，制定商品的准入政策，以达到限制外来商品，保护本国工业和品牌目的的做法。

合同执行成本是指为建造某项合同而发生的相关费用，合同成本包括从合同签订开始至合同完成止所发生的、与执行合同有关的直接费用和间接费用。

汇率成本是指由于汇率波动带来的汇率风险从而引起对外贸易出口成本增加。

法律和规制成本是指由于一国实行不同的法律和规制而使进出口贸易成本增加。分销成本是指产品通过一定渠道销售给消费者所花费的成本。

6.2 中国对美农产品出口贸易成本现状

6.2.1 中国对美运输成本

近些年中国在基础设施方面投入了很多资金，使得中国交通港口等设施有了很大的提高，但受原材料、燃料动力、人工路费、场地租费、过路过桥费和路政罚款上升的影响，物流成本越来越大，也使得中国对外贸易运输成本不断上升。中国对美运输成本也不例外，以 2011 年为例，全球最大的船舶经纪人克拉克森证券有限公司（Clarkson Securities Ltd.）的数据显示，从中国运送相当于 40 尺柜的货物到美国的费用，在 2011 年 12 月最后一周飙升了 19% 至每柜 1692 美元，涨幅明显。

6.2.2　中国对美农产品出口面临的关税壁垒

经过 GATT 和 WTO 多轮贸易谈判，美国整体的关税水平下降明显，特别是工业制成品，从 20 世纪 40 年代的 40% 下降到 70 年代的 4%，到现在的不足 2%。但对农产品进口征税幅度依然较高，平均关税超过 30%。有的农产品进口关税非常高，如烟草的关税就达 350%。

6.2.3　中国对美农产品出口面临的非关税壁垒

（1）配额限制。虽然美国是高度自由化的国家，但对农产品的进口依然还存在严格的配额限制。不仅如此，对于配额以内农产品，也征收很高的关税。目前，美国还对包括纺织品、乳制品、食糖等多个类别 195 个税目的农产品实施关税配额，限制了中国的优势农产品向美国出口。

（2）技术性贸易壁垒。美国设置标准极为苛刻的农产品技术贸易壁垒体系，具有较强的保护主义色彩。中国农产品出口面对的美国技术性贸易壁垒，主要体现在严格的检验、检疫、认证、标准手段和措施上。受美国技术性贸易壁垒影响的农产品范围也越来越多，水产品、禽产品、畜产品、茶叶、花生、蔬菜、水果等，几乎覆盖了中国所有农产品。以 HACCP 为例，HACCP

(Hazard Analysis Critical Control Point)是鉴别、评价和控制对食品安全至关重要的危害的一种体系。当前，HACCP已成为阻碍中国农产品出口美国的最大障碍。

(3)《雷斯法案》。《雷斯法案》(《美国法典》第16卷第3371—3378节)，是美国第一部联邦自然保护法案。美国是中国木制品的主要出口市场，2008年美国通过《雷斯法案》修正案对中国家具出口企业影响巨大，首先它加大了相关产品的出口难度。木材原料来源的信息获取非常复杂，需要支付高昂的成本，这将导致交易成本激增，部分实力较弱的中小企业将丧失已经获得的国际市场份额，甚至可能被淘汰；其次企业面临遭受严厉处罚的风险。大部分国内企业对该法案了解程度较低，再加上美国各州法律诉讼不同，没有统一标准，企业在出口过程中面临的执法未知性很大，客观上形成了美国新的贸易保护措施。

(4)贸易救济措施。反倾销、反补贴和保障措施是WTO允许用于保护国内产业的三种贸易救济措施。当一国面临不公平竞争或者进口产品对本国产业造成严重损害或威胁就可以采用。以反倾销为例，从1998年10月美国政府对中国30多家浓缩苹果汁企业展开反倾销调查，并最终作出肯定性倾销裁定开始，中国农产品频遭美国反倾销诉讼，如薄荷醇、塑料编织袋、松香、蜂蜜、大蒜、小龙虾等。

6.2.4 人民币兑美元汇率变动

一般说来，汇率变化会影响一国商品和服务的进出口，如果本国货币相对于外国货币升值，则本国购买外国商品变得更便宜，外国购买本国商品变得更昂贵，这样有利于本国商品的进口，不利于本国商品的出口；相反如果本国货币相对于外国货币贬值，则本国购买外国商品变得更昂贵，外国购买本国商品变得更便宜，这样有利于本国商品的出口，不利于本国商品的进口。

加入 WTO 以来，人民币兑美元就不断的处于升值状态，尤其是在 2005 年中国实行开始以市场供求为基础、参考一篮子货币进行调节、有管理的浮动汇率制度后，人民币兑美元升值明显，尤其是如图 6－1 所示 2005 年到 2014 年间。

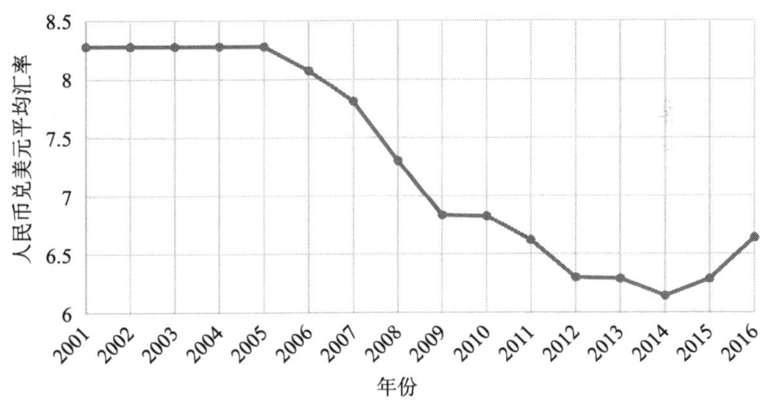

图 6－1　2001—2016 年人民币兑美元平均汇率

资料来源：国际货币基金组织数据库数据整理。

6.3　中国对美农产品出口贸易成本的测定及其效应分析

6.3.1　测度方法和数据来源

（1）测度方法。本书在 Andersen 和 Van Wincoop（2003）模型基础上，参照阿布来提·依明（2013）的分析构建单边出口贸易成本模型。

Andersen 和 Van Wincoop（2003）的双边贸易阻力模型表达式为：

$$X_{ij} = \frac{Y_i Y_j}{Y_w}\left(\frac{t_{ij}}{\prod_i p_j}\right)^{1-\sigma} \tag{1}$$

X_{ij}表示 i 国对 j 国的出口，Y_i 表示 i 国总产出，Y_j 表示 j 国总支出、Y_w 表示世界总产出，t_{ij}表示 i、j 两国双边贸易成本、$\prod_i$ 表示 i 国出口多边阻力，P_j 表示 j 国进口多边阻力，σ 表示两国贸易品替代弹性。

按照阿布来提·依明（2013）描述，设 c_{ij}和 p_{ij}分别为 j 国消费 i 国产品的数量和价格，替代弹性为 σ，那么 j 国 CES 形式总效用为：

$$\max\left(\sum_i c_{ij}^{(\sigma-1)/\sigma}\right)^{\sigma/(\sigma-1)} \tag{2}$$

受约束于

$$\sum_i P_{ij} c_{ij} = M_j \tag{3}$$

（3）式效用最大化的解，即为：

$$X_{ij} = \frac{X_i M_j}{X_w}\left(\frac{t_{ij}}{\prod_i p_i}\right)^{1-\sigma} \tag{4}$$

为提取出口贸易成本，假设只有母国 i 与其余世界 r（两国情形），并应用（4）式描述其出口：

$$X_{ir} = \frac{X_i M_r}{X_w}\left(\frac{t_{ir}}{\prod_i p_r}\right)^{1-\sigma} \tag{5}$$

因为此时有 $X_i = X_{ir}, t_{ir} = P_r = \prod_i$。代入（5）式可得：

$$\prod_i^{1-\sigma} = \frac{M_w - M_i}{X_w} \tag{6}$$

同理还有：

$$P_j^{1-\sigma}=\frac{X_w-X_j}{X_w} \tag{7}$$

(6)、(7) 式代入 (4) 式并假设 $X_w=M_w$，整理得：

$$t_{ij}^{\sigma-1}=\frac{X_iM_j}{X_{ij}(X_w-M_i-X_j)} \tag{8}$$

把 (5) 式同样应用于 (1) 式得到：

$$\prod_i^{1-\sigma}=\frac{Y_i(Y_w-Y_i)}{X_iY_w};\ P_i^{1-\sigma}=\frac{Y_j(Y_w-Y_j)}{M_jY_w} \tag{9}$$

(9) 式代入 (1) 式整理得到：

$$t_{ij}^{\sigma-1}=\frac{X_iM_j}{X_{ij}(Y_w-Y_i-Y_j)} \tag{10}$$

按照阿布来提·依明 (2013) 所述，(8) 式、(10) 式都为单向出口贸易成本：前者为单纯全球贸易格局的单向贸易成本，后者为基于全球收入格局的单向贸易成本。两个式子指标不同，结果自然有所差别，可以取几何平均：

$$t_{ij}^{\sigma-1}=\frac{X_iM_j}{X_{ij}\sqrt{(X_w-M_i-X_j)\ (Y_w-Y_i-Y_j)}} \tag{11}$$

由于计算基于全球收入格局的单向贸易成本涉及世界经济总产出，中国及美国农产品市场主要进口国的总产出，会涉及不同的统计数据库，本书为了计算的简便及数据口径的统一，采用单纯全球贸易格局的单向成本，即 (8) 式，虽然计算结果有所偏差，但不影响分析。

(2) 数据来源。为了保证数据的一致性，本书资料来源于联合国统计署贸易数据库 (UN COMTRADE)，替代弹性 σ 是很难估计一个确定的值。Anderson & Wincoop (2004) 总结了现有的各种文献的估计结果，认为替代弹性 σ 介于 5—10 之间。本书参照 Anderson & Wincoop (2004)、Novy (2008、2011) 的做法，

替代弹性 σ 取值为 8。

6.3.2 中国对美农产品出口贸易成本测定

利用（8）式对 2001—2016 年中国对美农产品出口贸易成本进行测定，其结果如下图所示：

从图 6－2、图 6－3 可以看出，加入 WTO 后，中国对美农产品出口贸易成本基本呈先降后升的趋势，由 2001 年的 1.055 下降到 2008 年最低 0.9426，然后又缓慢上升到 2016 年的 0.9598，无论上升还是下降，都很缓慢。但与美国其他九大进口来源地相比，2001—2016 年中国对美农产品出口贸易成本整体下降幅度为 8.7，仅次于印度的 9.1，其余国家依次是印尼（6.5）、澳大利亚（3.8）、泰国（3.7）、巴西（3.5）、墨西哥（2.5）、新西兰（1.4）、欧盟（0.7）和加拿大（0.4）。

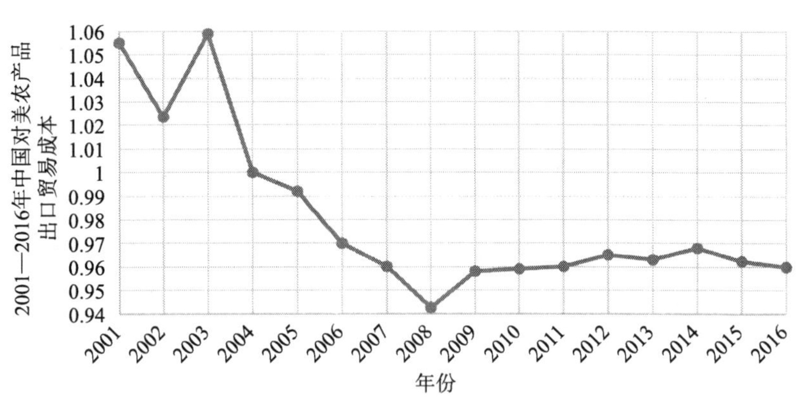

图 6－2 2001—2016 年中国对美农产品出口贸易成本

资料来源：根据联合国 COMTRADE 数据库数据整理。

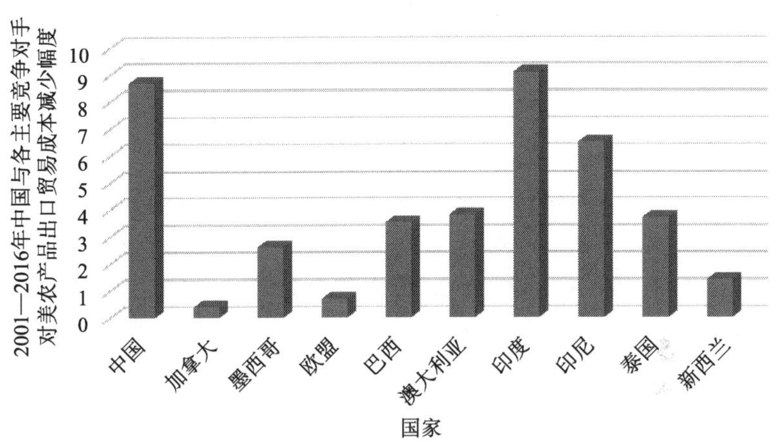

图 6－3　2001—2016 年中国与各主要竞争对手对美农产品出口贸易成本减少幅度

资料来源：根据联合国 COMTRADE 数据库数据整理。

6. 3. 3　中国对美农产品出口贸易成本效应分析

加入 WTO 后，中国对美农产品出口增长。那么，这种出口贸易的增长与中国对美农产品出口贸易成本的减少有着怎样的联系？

对式（1）两边取自然对数并且求一阶差分，可以得到：

$$\Delta \ln X_{ij} = \Delta \ln\left(\frac{y_i y_j}{Y^w}\right) + (1-\sigma)\Delta \ln t_{ij} - (1-\sigma)\Delta \ln(\prod_i P_j) \tag{12}$$

（12）式说明了中国对美农产品出口贸易的增长 $\Delta \ln X_{ij}$ 来自三方面的因素：中美两国农业生产总值相对于世界农业生产总值的增长 $\Delta \ln\left(\frac{y_i y_j}{Y^w}\right)$；中国对美农产品出口贸易成本的变化 $\Delta \ln t_{ij}$ 以及两国多边阻力变化 $\Delta \ln(\prod_i P_j)$。将（12）式两边都除以 $\Delta \ln X_{ij}$，可以得到（10）式：

$$100\% = \frac{\Delta\ln\left(\frac{y_i y_j}{Y^w}\right)}{\Delta\ln X_{ij}} + \frac{(1-\sigma)\Delta\ln t_{ij}}{\Delta\ln X_{ij}} - \frac{(1-\sigma)\Delta\ln(\prod_i p_j)}{\Delta\ln X_{ij}} \tag{13}$$

式（13）将中国对美农产品出口贸易的增长贡献分解成三个因素：①收入增长；②出口贸易成本下降；③多边阻力减少。

我们将中国与主要的出口贸易伙伴的双边贸易增长进行分解，得出的结果如表6－1所示，由此可看出中国对美农产品出口贸易成本对中国对美农产品出口贸易增长的影响大小。

表6－1　2001—2016年中国与各主要竞争对手对美农产品出口贸易成本、收入、多边阻力对贸易增长的贡献比较 单位：%

国家	出口贸易增长率	收入增长贡献率	出口成本下降贡献率	多变阻力下降贡献率
中国	490.64	43.35	85.37	－28.72
加拿大	86.85	73.05	－0.0142	28.36
巴西	152.67	66.55	32.93	0.52
墨西哥	383.45	－163.76	30	233.77
澳大利亚	45.76	90.98	159.9	－150.88
印度	746.06	92.23	28.75	－20.98
印尼	224.11	60.03	－265.17	305.14
泰国	88.09	264.06	－11.31	－152.75
新西兰	112.76	202.96	7.15	－110.1
欧盟	86.98	196.55	44.1	－140.64

资料来源：根据联合国COMTRADE数据库数据整理。

由表6－1可以看出：

（1）收入的增长以及中国对美农产品出口贸易成本的下降是中国对美出口贸易增长的主要原因。其中中国对美农产品出口贸易成本下降对中国对美农产品出口贸易增长的贡献率最大，为 85.37%，中国对美出口贸易增长 43.35% 来自于收入的增长。中国多边贸易阻力的下降对中国对美出口贸易产生了转移效应，其贡献率为 -28.72%。尽管中国对美出口贸易成本的下降对中国对美出口贸易增长的贡献为 85.37%，但是由于其多边阻力下降明显，抵消了部分出口贸易的增长，最终贸易成本整体贡献率为 37.06%。

（2）与其他主要美国农产品进口大国相比，2001—2016 年，除印度外，中国对美农产品出口最快，增长率达到 490.64%。但收入、对美出口成本下降和多边阻力下降的对对美出口贸易增长的贡献率不一样。澳大利亚、中国对美出口贸易的增长主要来源于对美出口贸易成本下降。而泰国、新西兰、欧盟、印度、加拿大、巴西主要来源于收入的增长。墨西哥、印尼主要来源于多变阻力下降。

6.3.4　中国对美农产品出口成本与制成品出口成本对比

采用许统生等人（2011）关于制造业的分类标准，把制造业分成 19 个产业样本，然后把国民经济分类标准（GB）与国际标准产业分类（ISIC3.0）和 HS 编码统一起来得到相关中国和美国相关制造业贸易数据。然后按照（8）式进行计算。得出中国对美制成品出口成本。中国对美农产品与制成品出口成本如图 6 -4 所示：

由图 6 -4 可知中国对美农产品出口成本高于中国对美制成品出口成本，在一定程度上可以解释为什么中国对美农产品出口在中国商品出口中所占份额不断下降。

6.3.5　结论

（1）加入 WTO 后，中国对美农产品出口贸易成本呈先降后

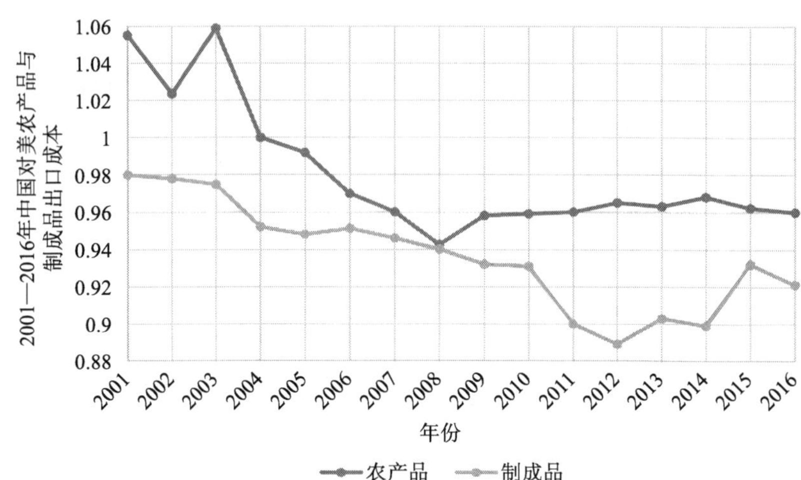

图 6－4　2001—2016 年中国对美农产品与制成品出口成本

资料来源：根据联合国 COMTRADE 数据库数据整理。

升的趋势，虽然整体变化幅度缓慢，但与其他美国主要进口国相比，中国对美农产品出口贸易成本下降幅度较大，仅次于印度。

（2）加入 WTO 后，中国对美农产品出口贸易增长超过一半是由于中国对美农产品出口成本下降以及多变阻力下降引起来的，其中中国对美农产品出口成本下降贡献率较大。

（3）与其他美国农产品主要进口国相比，中国对美农产品出口贸易成本下降对中国对美农产品出口贸易增长的贡献率较大，仅次于澳大利亚，位居第二。

（4）中国对美农产品出口贸易成本高于制造业产品出口贸易成本，前者的下降幅度也低于后者的下降幅度，这也是中国对美农产品出口贸易发展滞后于制造业出口贸易发展的原因之一。农产品出口贸易成本能否下降到合理的水平，在一定程度上关系到中国农产品贸易进一步发展的动力。

中国对美农产品出口增长的影响因素分析——基于 CMS 模型分析

加入 WTO 以来，中美农产品贸易大幅度增长，除 2009 年受全球金融危机的影响，增长为 -7.55% 及 2015 年为 -0.89% 外，其余年份都为正值。其中，2002 年、2006 年增长幅度最快，都超过 30%，为 34.14% 和 33.79%。中国对美农产品出口增长来源于什么？即影响中国对美农产品出口增长的影响因素有哪些？本章将采用 CMS 模型对其进行分析，以便我们更好地了解中国对美农产品出口增长状况，为促进中国对美农产品出口增长提供政策建议。

7.1 CMS 模型的构建及数据说明

7.1.1 CMS 模型的构建

恒定市场份额模型（Constant Market Share，CMS）最初由 Tyszynski 在 1951 年提出，后经 Leamer 和 Stern（1970），Jepma（1986）以及 Milana（1988）等多次修改完善，成为研究对外贸易增长源泉和出口产品国际竞争力趋势的重要模型之一。它的基本假设是随着时间的变化，一国在世界市场中的份额保持不变。自 Tyszynsk 提出恒定市场份额经典模型后，许多研究者对经典模型进行了改进，提出了许多形式的扩展模型，其中比较完善最具代表性的是 1986 年 Jepma 提出的改进的扩展模型。Jepma 将出口增长分为两个层次。在第一层次的分解中，一国出口增长可被分解为三部分：结构效应、竞争力效应和竞争力与结构交叉效应。其中，结构效应是指由于进口国对某类产品的进口规模和进口结构的变动而导致的一国该产品出口额的变化；竞争力效应是指由于一国某商品出口竞争力的变化而引起的该产品出口额的变化；竞争力与结构交叉效应是指由于一国出口某产品出口竞争力的变化和世界市场对该产品需求的变化交互作用所引起的该国该产品出口额的变化。用公式表示：

$$\sum_i \sum_j S_{ij}^0 \Delta Q_{ij} + \sum_i \sum_j Q_{ij}^0 \Delta S_{ij} + \sum_i \sum_j S_{ij} \Delta Q_j \qquad (1)$$

（结构效应）　（竞争力效应）　（竞争力与结构交叉效应）

第二层次又将结构效应又分解为三个次效应：增长效应、市场效应、商品结构效应和结构交叉效应；竞争力效应又可分解为两个次效应：综合竞争力和产品竞争力；竞争力与结构交叉效应又可分解为两个次效应：净交叉效应和动态交叉效应。

用公式表示：

$$S^0\Delta Q + [\sum_i\sum_j S^0_{ij}\Delta Q_{ij} - \sum_i S^0_i\Delta Q_i] + [\sum_i\sum_j S^0_{ij}\Delta Q_{ij} - \sum_j S^0_t\Delta Q_j]$$

（增长效应）（市场效应）（商品结构效应）

$$+ [(\sum_i S^0_i\Delta Q_i - S^0\Delta Q) - (\sum_i\sum_j \Delta S^0_{ij}\Delta Q_{ij} - \sum_j S^0_i\Delta Q_j)] + \Delta SQ^0$$

（结构交叉效应）

$$+ [\sum_i \Delta S_i\Delta Q^0_i - \Delta SQ^0] + \left(\frac{Q_i}{Q_0} - 1\right)$$

（综合竞争力）（产品竞争力）

$$\sum_i\sum_j \Delta S_{ij}\Delta Q^0_{ij} + \left[\sum_i\sum_j \Delta S_{ij}\Delta Q^0_{ij} - \left(\frac{Q_t}{Q_0} - 1\right)\sum_i\sum_j \Delta S_{ij}\Delta Q^0_{ij}\right]$$

（净交叉效应）（动态交叉效应）　(2)

其中，S 表示一国在世界市场中的份额；S_i表示一国的产品 i 在世界市场全部 i 产品进口中的份额；S_{ij}表示一国的产品 i 出口在目标市场 j 全部进口中的份额；Q 表示世界市场的全部进口额；Q_i表示世界市场对产品 i 的进口额；Q_j表示目标市场 j 的进口总额；Q_{ij}表示目标市场 j 对产品 i 的进口额；Δ 表示在两个时期之间的变化量；上角标 0 表示起初年份；下角标 t 表示期末年份；下标 i 和 j 分别表示进口的产品和地区。

对于用 CMS 模型对中国对美农产品出口增长的影响因素进行研究的比较有代表性的学者有栾敬东等（2006）、何树全等（2009）。栾敬东等（2006）分析了中美 1992—2003 年农产品贸易增长及其成因，认为两国旺盛的市场需求共同推动了双边农产品贸易的增长。何树全等（2009）用改进的恒定市场份额模型分解了 1996—2006 年中国对美国出口农产品的增长率，研究表明：竞争力的提高是中国对美国农产品出口增长的主要因素。并且中国农产品对美国农产品进口市场的适应能力还有很大的改进余地。栾敬东等（2006）和何树全等（2009）分析的不同点在于栾敬东等（2006）分解的是贸易额的变化而何树全等（2009）分析的是贸易额增长率的变化。本书借鉴栾敬东等（2006）的研究，在参照国内学者（孙笑丹，2004；耿晔强，2008）对CMS模型进行构造的基础上，针对单一市场提出了以下CMS模型形式：

$$\Delta Q = \sum_i S_i^0 \Delta Q_i + \sum_i \Delta S_i Q_i^0 + \sum_i \Delta S_i \Delta Q_i \qquad (3)$$

（结构效应）（竞争力效应）（竞争力与结构交叉效应）

模型的第二层次分解：

$$S^0 \Delta Q + \left[\sum_i S_i^0 \Delta Q_i - S^0 \Delta Q\right] + \Delta S Q^0 + \left[\sum_i \Delta S_i Q_i^0 - \Delta S Q^0\right]$$

（增长效应）（产品结构效应）（综合竞争力）（产品竞争力）

$$+\left(\frac{Q^t}{Q^0} - 1\right)\sum_i \Delta S_i \Delta Q_i^0 + \left[\sum_i \Delta S_i \Delta Q_i - \left(\frac{Q^t}{Q^0} - 1\right)\sum_i \Delta S_i Q_i^0\right] \qquad (4)$$

（净交叉效应）（动态交叉效应）

其中，q 表示一定时期内中国对美农产品出口额；S 表示一定时期内中国对美农产品出口额占世界对美农产品出口额的份额；S_i表示一定时期内中国对美第 i 章农产品的出口额占世界对美第 i 章农产品的出口额的份额；Q 表示一定时期内世界对美国农产品的全部出口额；Q_i表示一定时期内世界对美国第 i 章农产品的全部出口额；Δ 表示在两个时期之间的变化量；上角标0表示起初年份；下角标 t 表示期末年份。

根据以上单一市场的CMS模型，在第一层次中，一国实际出口增长被分解为结构效应、竞争力效应和竞争与结构交叉效应。在模型的第二层次中，结构效应则被分解为增长效应和产品结构效应；竞争力效应又被分解为综合竞争力和产品竞争力；竞争力与结构交叉效应分解为净交叉效应和动态交叉效应。其具体含义可归结为如表 7 – 1 所示：

表 7 – 1　　CMS 模型分阶效果含义

增长因素	含　义
结构效应	因世界对美农产品出口变动变化而引起的中国对美农产品出口变动
增长效应	因世界对美农产品出口规模的变化而引起的中国对美农产品出口变动
产品结构效应	因世界对美农产品出口商品结构变化而引起的中国对美农产品出口变动
竞争力效应	因中国对美农产品出口竞争力变化而引起的中国对美农产品出口变动
综合竞争力	因中国对美农产品整体出口竞争力的变化而引起的中国对美农产品出口变动
产品竞争力	因中国对美各类农产品出口竞争力的变化而引起的中国对美农产品出口变动
竞争力与结构	因中国农产品出口竞争力及因世界对美农产品出口变化交互作用引起的中国对美农产品出口变动
净交叉效应	因中国农产品整体出口竞争力与因世界对美农产品出口的交互作用而引起的中国对美农产品出口变动
动态交叉效应	因中国各类农产品出口竞争力与因世界对美农产品出口的交互作用而引起的中国对美农产品出口变动

7.1.2　数据说明

本书数据资料均来源于联合国统计署贸易数据库（UN COMTRADE）。采用 HS1996 的商品分类方法，截取 2001—2016 年中国对美 1 – 24 章农产品出口贸易数据，对中国对美农产品出口增长的影响因素进行分析。

7.2　中国对美农产品出口增长的影响因素分析

根据上面的CMS模型，可以计算出中国对美农产品出口增长额的第一层次、第二层次和各章农产品的分解结果。

7.2.1　中国对美农产品出口增长的CMS模型第一层次分解

按照2001—2016年进行逐年分解，共得出15组数据。其中，CMS模型第一层次分解的结果如表7-2所示：

表7-2　2001—2016年中国对美农产品出口波动CMS模型第一层次分析结果

单位：亿美元

时期	出口额变化			竞争力效应		竞争力与结构交叉效应	
	绝对额	贡献额	贡献率	贡献额	贡献率	贡献额	贡献率
2001—2002	4.12	0.65	15.72%	3.30	80.23%	0.17	4.05%
2002—2003	4.46	1.50	33.62%	2.68	60.24%	0.27	6.13%
2003—2004	2.48	1.76	70.89%	0.70	28.00%	0.03	1.11%
2004—2005	5.02	1.85	36.87%	3.00	59.68%	0.17	3.45%
2005—2006	9.51	2.82	29.61%	5.79	60.93%	0.90	9.47%
2006—2007	6.43	2.65	41.25%	3.30	51.35%	0.48	7.40%
2007—2008	6.63	4.14	62.47%	2.41	36.41%	0.07	1.12%
2008—2009	-3.83	-4.03	105.36%	0.17	-4.48%	0.03	-0.88%
2009—2010	10.51	5.35	50.87%	4.66	44.35%	0.50	4.77%
2010—2011	9.17	10.56	115.14%	-0.77	-8.41%	-0.62	-6.74%
2011—2012	4.56	4.66	102.01%	0.68	14.88%	-0.77	-16.89%
2012—2013	1.08	2.98	275.30%	-0.63	-58.67%	-1.26	-116.63%

续表

时期	出口额变化			竞争力效应		竞争力与结构交叉效应	
	绝对额	贡献额	贡献率	贡献额	贡献率	贡献额	贡献率
2013—2014	1.02	5.26	515.34%	-3.85	-377.05%	-0.39	-38.29%
2014—2015	-0.65	-2.32	354.45%	2.13	-325.78%	-0.47	71.33%
2015—2016	0.20	0.79	404.97%	-0.47	-239.78%	-0.13	-65.19%
平均	4.05	2.57	147.59%	1.54	-38.54%	-0.07	-9.05%

资料来源：根据联合国 COMTRADE 数据库数据整理。

从上表数据可知，2001—2016 年，在结构效应，竞争力效应和结构与竞争力的交互效应三种力量作用下，中国对美农产品出口增长显著，年平均额达到 4.05 亿美元，除 2008—2009 年度及 2014—2015 年度为负值外，其余都为正值。

在三种效应里，结构效应的影响最大，平均贡献额达到 2.57 亿美元、贡献率达到 147.59%。其中，贡献额最大的是 2010—2011 年度，数值为 10.56 亿美元，最小的是 2008—2009 年度，为 -4.03 亿美元。贡献率最大的是 2013—2014 年度，为 515.34%，最小的是 2001—2002 年度，为 15.72%。这说明在这一时期，结构效应在三种效应里起着主导作用。即中国对美农产品的出口的增长主要来源于美国农产品市场进口需求的增长，中国对美农产品出口结构较合理；其次是竞争力效应，平均贡献额达到 1.54 亿美元、贡献率为负 38.54%。其中，贡献额最大的是 2005—2006 年度，数值为 5.79 亿美元，最小的是 2010—2011 年度，为 -0.77 亿美元。贡献率最大的是 2013—2014 年度，为负 337.05%，最小的是 2008—2009 年度，为 -4.48%。这说明在这一时期，中国对美农产品出口竞争力不高，阻碍了中国对美农产品出口的增长。竞争力与结构效应交叉效应影响较小，平均贡献额为 -0.07 亿美元、贡献率为 -9.05%。其中，贡献额最大的是2012—2013年度，数值为-1.26亿美元，最小的是2003—2004年度和2008—2009年度，为0.03亿美元。贡献率最大的是2012—2013年度，为-116.63%，最小的是2008—2009年度，为-0.08%。这说明在这一时期，美国农产品市场进口需求变动和中国对美农产品出口竞争力变动的交互作用有碍中国对美农产品出口的增长。

从发展趋势来看，结构效应的贡献率在增加，从2001—2002年度的15.72%增加到2015—2016年度的404.97%，尤其是2010年以后，贡献率都超过100%，特别是2013—2014年度，数值达到最高，为515.34%。这说明在这一时期，中国对美农产品的出口的增长越来越依赖于美国农产品市场进口需求变动。竞争力效应的贡献率在减少，从2001—2002年度的80.23%减少到2015—2016年度的-239.78%，尤其是2012年以后，贡献率都为负值，且较大，特别是2013—2014年度，数值达到最高，为-377.05%。这说明在这一时期，中国对美农产品出口竞争力在减弱，不利于中国对美农产品的出口的增长。同理，竞争力与结构效应交叉效应由最初的都为正值变为多为负值，这说明在这一时期，交叉效应不利于中国对美农产品的出口的增长。

7.2.2 中国对美农产品出口增长的CMS模型第二层次分解

对中国对美农产品出口增长的CMS模型进行第二层次分解，即对结构效应进一步分解为增长效应和产品结构效应、竞争力效应进一步分解为综合竞争力和产品竞争力、竞争力与结构交叉效应进一步分解为净交叉效应和动态交叉效应，得出以下结果，如表7-3（1）和表7-3（2）所示：

表7-3（1）　2001—2016年中国对美农产品出口波动CMS模型第二层次分析结果　单位：亿美元

时期	增长效应		产品结构效应		综合竞争力	
	贡献额	贡献率	贡献额	贡献率	贡献额	贡献率
2001—2002	0.71	17.27%	-0.06	-1.56%	3.22	78.12%
2002—2003	1.61	36.13%	-0.11	-2.50%	2.59	58.09%
2003—2004	2.06	82.94%	-0.30	-12.05%	0.39	15.51%
2004—2005	2.10	41.80%	-0.25	-4.93%	2.68	53.35%
2005—2006	3.30	34.67%	-0.48	-5.07%	5.56	58.47%
2006—2007	3.06	47.63%	-0.41	-6.38%	3.12	48.43%
2007—2008	3.81	57.58%	0.32	4.89%	2.59	39.04%
2008—2009	-4.62	120.79%	0.59	-15.43%	0.88	-22.88%
2009—2010	5.40	51.37%	-0.05	-0.50%	4.58	43.61%
2010—2011	10.26	111.84%	0.30	3.31%	-0.92	-10.04%
2011—2012	3.85	84.33%	0.81	17.68%	0.68	14.82%
2012—2013	2.03	187.59%	0.95	87.71%	-0.92	-85.16%
2013—2014	5.16	505.79%	0.10	9.55%	-3.86	-378.73%
2014—2015	0.54	-82.87%	-2.86	437.32%	-1.19	181.53%
2015—2016	1.16	589.79%	-0.36	-184.82%	-0.95	-482.11%
平均	2.70	125.78%	-0.12	21.81%	1.23	-25.86%

资料来源：根据联合国COMTRADE数据库数据整理。

表7-3（2）　2001—2016年中国对美农产品出口波动CMS模型第二层次分析结果　单位：亿美元

时期	产品竞争力		净交叉效应		动态交叉效应	
	贡献额	贡献率	贡献额	贡献率	贡献额	贡献率
2001—2002	0.09	2.11%	0.19	4.73%	-0.03	-0.68%
2002—2003	0.10	2.15%	0.27	5.99%	0.01	0.14%

续表

时期	产品竞争力		净交叉效应		动态交叉效应	
	贡献额	贡献率	贡献额	贡献率	贡献额	贡献率
2003—2004	0.31	12.49%	0.07	2.80%	-0.04	-1.69%
2004—2005	0.32	6.32%	0.27	5.42%	-0.10	-1.97%
2005—2006	0.23	2.45%	0.68	7.14%	0.22	2.33%
2006—2007	0.19	2.92%	0.27	4.18%	0.21	3.22%
2007—2008	-0.17	-2.63%	0.21	3.15%	-0.13	-2.03%
2008—2009	-0.70	18.40%	-0.02	0.41%	0.05	-1.29%
2009—2010	0.08	0.75%	0.54	5.11%	-0.04	-0.34%
2010—2011	0.15	1.64%	-0.14	-1.50%	-0.48	-5.23%
2011—2012	0.00	0.07%	0.04	0.86%	-0.81	-17.75%
2012—2013	0.29	26.49%	-0.02	-1.67%	-1.24	-114.96%
2013—2014	0.02	1.67%	-0.27	-26.94%	-0.12	-11.34%
2014—2015	3.32	-507.31%	0.02	-2.41%	-0.48	73.75%
2015—2016	0.48	242.33%	-0.01	-3.82%	-0.12	-61.37%
平均	0.31	-12.68%	0.14	0.23%	-0.21	-9.28%

资料来源：根据联合国 COMTRADE 数据库数据整理。

从第二层次分解来看，结构效应两个分解效应中，除 2014—2015 年度外，增长效应都大于产品结构效应，说明在结构效应中，拉动中国对美农产品出口的主导力量是增长效应。除 2008—2009 年度外，增长效应都为正值，说明在这些时期中国对美农产品出口增长随着美国农产品市场进口规模的扩大而扩大；而产品结构效应有 10 个年度即 2/3 的年份都为负值，说明中国对美农产品出口结构和美国农产品进口需求结构不太一致，中国应该优化对美农产品出口结构，增强对美农产品出口结构及美国农产品进口结构的匹配性，从而促进中国对美农产品出口增长。

竞争力效应两个分解效应中，除2014—2015年度外，综合竞争力效应都大于产品竞争力效应，说明在竞争力效应中，拉动中国对美农产品出口的主导力量是综合竞争力效应。综合竞争力2010年前、产品竞争力除2007—2008年度和2008—2009年度外其余年份都为正值，说明在这些时间段中国对美农产品具有综合竞争力和产品竞争力，有利于中国农产品对美出口增长。

结构与竞争力的交互效应两个分解效应中，从平均值来看，净交叉效应虽然贡献率比动态交叉效应小，但净交叉效应为正值，动态交叉效应为负值，这说明中国对美农产品出口结构变动适应美国农产品市场进口规模的变动，但中国在美国农产品市场进口需求增长较快的商品种类上出口额增长缓慢。

从发展趋势来看，在第二层次的分解里，综合竞争力效应在2010年后，尤其是2012年后，都为负值，说明中国在这些时期对美农产品出口综合竞争力在减弱，不利于中国对美农产品出口增长。净交叉效应同样呈现出先前年份为正值，后续年份为负值，这也说明中国对美农产品出口结构变动越来越不适应美国农产品市场进口规模的变动。

7.2.3 中国对美农产品出口增长的CMS模型商品层面分解

根据2001—2016年中国对美农产品各章农产品的结构效应、竞争力效应及竞争力与结构效应交叉效应的具体数值可以看出，各章农产品在结构效应、竞争力效应及竞争力与结构效应交叉效应中的影响程度不同，为分析简便，本节计算2001—2016年中国对美农产品各章占贡献率的平均比重并以此作为分析对象，来分析中国对美农产品出口增长的主要产品类别。根据所得数据绘制如图7－1所示：

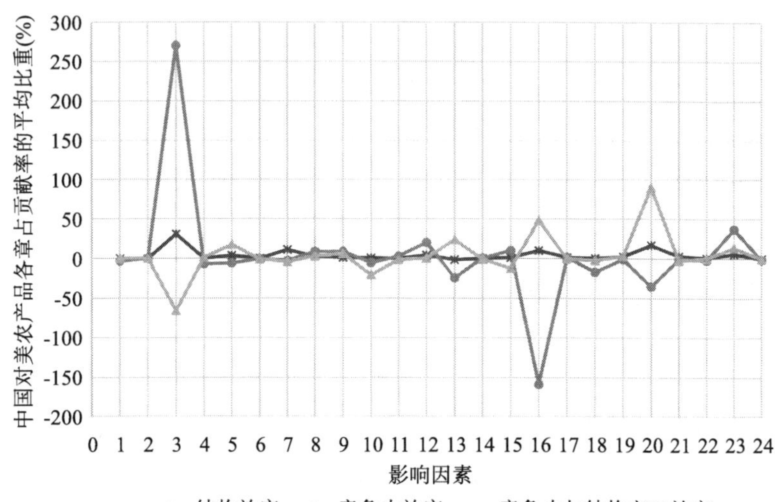

图 7－1　2001—2016 年中国对美农产品各章占贡献率的平均比重

资料来源：根据联合国 COMTRADE 数据库数据整理。

从上述图形可以看出，2001—2016 年中国对美农产品各章占结构效应、竞争力效应及竞争力与结构效应交叉效应贡献率的平均比重比较大的有第 3 章（鱼及鱼产品），第 5 章（其他动物产品），第 13 章（虫胶、树胶等），第 16 章（肉类制品），第 20 章（蔬菜、水果、坚果等），第 23 章（食品工业的残渣及废料）。结构效应贡献率里占比较大的是第 3 章（鱼及鱼产品），第 20 章（蔬菜、水果、坚果等），分别为 30.91%、17.17%，说明中国对美农产品出口结构中，这两章产品结构比较合理，份额较高，很好地满足了美国对这两章农产品的进口需求。竞争力效应贡献率里占比较大的是第 3 章（鱼及鱼产品），第 16 章（肉类制品），第 20 章（蔬菜、水果、坚果等），第 23 章（食品工业的残渣及废料）。其中第 3 章（鱼及鱼产品），第 23 章（食品工业的残渣及废料）为正值，说明这两章农产品对美农产品出口竞争力非常强，尤其是第 3 章农产品，数值达到 270.57%；第 16 章（肉类制品），第 20 章（蔬菜、水果、坚果等）为负值，说明这两章农产品对美农产品出口有劣势，尤其是第 16 章（肉类制品），数值达到负 158.97%。竞争力与结构交叉效应贡献率里占比较大的是第 3 章（鱼及鱼产品），第 16 章（肉类制品），第 20 章（蔬菜、水果、坚果等）。其中第 3 章（鱼及鱼产品）为负值，65.99%，说明其出口竞争力与出口份额没有很好地匹配，应该提升中国对美农产品出口份额；第 16 章（肉类制品），第 20 章（蔬菜、水果、坚果等）为正值，说明其出口竞争力与出口份额在所有农产品里相当匹配，起到了良好的交互作用。

7.3　结论

通过以上分析，可以得出以下结论：

第一，加入 WTO 后，中国对美农产品出口基本处于增长的态势（除去金融危机的影响即 2009 年及 2015 年中国对美农产品出口负增长外）。中国对美农产品出口增长的原因主要来源于美国农产品进口需求增加、进口商品结构的变化、中国对美农产品出口竞争力以及两者交互作用的效果。

第二，结构效应是促进中国对美农产品出口增长的主要原因，即美国对进口农产品需求的增加和美国进口农产品结构变化是带动中国对美农产品出口增长的主要因素。尤其是第 20 章（蔬菜、水果、坚果等），第 3 章（鱼及鱼产品），第 5 章（其他动物产品），第 23 章（食品工业的残渣及废料）等农产品。

第三，中国对美农产品出口竞争力也是促进中国对美农产品出口增长的重要原因，但是自 2001 年以来，中国对美农产品出口竞争力对增长的贡献率日趋下降，说明中国对美农产品出口竞争力不断下降。

第四，竞争力与结构交叉效应也是促进中国对美农产品出口增长的原因。但在 2001—2016 年，虽数值不大，但为负值，说明美国进口需求的改变没有很好地促进中国较有竞争力的产品对美出口增长。

第五，美国进口农产品需求改变对中国对美农产品出口增长的影响越来越大，而中国农产品对美出口竞争力的影响在减少。中国对美农产品整体竞争力较强，但从分类农产品来看，很多农产品不具有竞争力，比如第 22 章（饮料、酒及醋），第 24 章（烟草及烟草制品），第 4 章（奶制品），第 10 章（谷物），第 17 章（糖及糖食），第 18 章（可可及可可制品）等农产品。

第8章

结论及政策建议

本书以国际贸易理论、国际竞争理论等为依据，并在已有研究成果的基础上，结合本书研究的实际，首先分析了中美农产品贸易现状，中美农产品贸易对中美经济的重要性。中国对美农产品贸易远远小于制成品贸易，且中美农产品贸易呈现中国对美农产品贸易逆差，因此，要促进中国对美农产品出口贸易的发展。随后用 Spearman 等级相关系数、收益性结构变动指数、劳伦斯指数分析了中国农产品出口结构与美国农产品需求结构是否匹配；用出口相似度指数和转移份额法探讨了中国对美农产品出口竞争力状况；用构建的单边贸易成本模型衡量了中国对美农产品出口贸易成本，用 CMS 模型分析了影响中国对美农产品出口贸易增长的因素。即本书从中国对美农产品出口结构、出口竞争力、出口贸易成本、出口增长因素这几个方面探讨促进中国对美农产品出口贸易发展的措施。其主要结论及相关政策如下：

8.1　主要研究结论

（1）经过对中国对美农产品出口结构进行分析得到以下结论：

①相比于美国农产品进口需求结构，中国对美农产品出口结构较为集中。中国对美农产品出口结构中占比较大的为鱼及鱼类产品、肉类制品、蔬菜水果坚果等三章产品，这三类产品占整个出口份额一半以上。

②中国对美农产品出口结构与美国农产品进口需求结构匹配性不强。虽然 2002—2012 年都通过了匹配性检验，中国对美农产品出口结构与美国农产品进口需求结构相关，但相关系数不大，远远落后于墨西哥和加拿大。

③中国对美农产品出口结构和美国农产品进口需求结构变化较一致。即相比于美国农产品进口需求结构变化，中国对美农产品出口结构不断优化。

④中国对美农产品出口结构变动幅度不是很大，稳定性较强。

（2）经过对中国对美农产品出口竞争力分析得到以下结论：

①加入 WTO 后，中国对美农产品出口增速较快，在美国市场上的占有率不断上升，中国正在扩大对美农产品出口贸易，但总体出口规模仍然不大，只占美国市场份额 5% 以上，与印度相近，远远落后于加拿大、欧盟和墨西哥。

②中国对美农产品出口结构与发展中国家相似，因此，在美国农产品市场上，中国农产品更多地与发展中国家即泰国、印尼、印度、巴西存在着激烈的竞争，尤其是泰国，中泰对美农产

品出口相似度系数较高。

③中国对美农产品出口具有整体竞争力，且在美国十大进口来源国中，排名第二，仅次于墨西哥，具体来说，在鱼及与鱼产品、蔬菜、水果、坚果或植物其他部分的制品、肉类制品、食品工业的残渣及废料产品上竞争优势明显。在饮料酒及醋、谷物、可可及可可、制品肉及食用杂碎竞争中处于劣势。

④中国对美农产品出口具有结构优势和竞争优势，但交互效应为负。其中结构优势主要来源于虫胶等、肉类制品、蔬菜水果等、鱼及鱼产品等章农产品，竞争优势主要来源于食品工业的残渣及废料、食用蔬菜等章农产品。交互正效应主要来源于鱼及鱼产品、肉类制品、蔬菜水果等章农产品，交互负效应主要来源与食品工业的残渣及废料、获得物等章农产品。

（3）经过对中国对美农产品出口贸易成本进行研究得到以下结论：

①加入 WTO 后，中国对美农产品出口贸易成本呈先降后升的趋势，虽然整体变化幅度缓慢，但与其他美国主要进口国相比，中国对美农产品出口贸易成本下降幅度较大，仅次于印度。

②加入 WTO 后，中国对美农产品出口贸易增长超过一半是由于中国对美农产品出口成本下降以及多变阻力下降引起来的，其中中国对美农产品出口成本下降贡献率较大。

③与其他美国农产品主要进口国相比，中国对美农产品出口贸易成本下降对美农产品出口贸易增长的贡献率较大，仅次于澳大利亚，位居第二。

（3）经过中国对美农产品出口增长因素进行研究得到以下结论：

①加入 WTO 后，中国对美农产品出口基本处于增长的态势（除去金融危机的影响即 2009 年中国对美农产品出口负增长

外)，尤其是2001—2003年以及2005—2006年这两个阶段，出口增速加快。中国对美农产品出口增长的原因主要来源于美国农产品进口需求增加、进口商品结构的变化、中国对美农产品出口竞争力以及两者交互作用的效果。

②结构效应是促进中国对美农产品出口增长的主要原因，即美国对进口农产品需求的增加和美国进口农产品结构变化是带动中国对美农产品出口增长的主要因素。尤其是蔬菜水果等、鱼及鱼产品、其他动物、食品工业的残渣及废料等章农产品。

③中国对美农产品出口竞争力也是促进中国对美农产品出口增长的重要原因，但是自2001年以来，中国对美农产品出口竞争力对增长的贡献率日趋下降，说明中国对美农产品出口竞争力不断下降。

④竞争力与结构交叉效应也是促进中国对美农产品出口增长的。即美国进口需求的改变促进了中国较有竞争力的产品对美出口增长。

⑤美国进口农产品需求改变对中国对美农产品出口增长的影响越来越大，而中国农产品对美出口竞争力的影响在减少。中国对美农产品整体竞争力较强，但从分类农产品来看，很多农产品不具有竞争力，比如饮料、酒及醋、烟草及烟草制品、奶制品、谷物、糖及糖食、可可及可可制品等农产品。

8.2 政策建议

8.2.1 提升中国对美农产品出口结构调整能力

(1) 重视对美国市场的开拓

美国是农产品的主要消费国和进口国。水果、蔬菜、花卉、鲜香菇等产品进口量大幅度增长，农产品零销价格普遍比较高，特别是蔬菜和瓜果。因此无论是企业还是政府都应该重视对美国市场的开拓。政府应该组织力量研究美国的市场、法律、法规等宏观情况，为双方企业交流创造条件，提供平台和服务。出口企业要积极参加各种商品交易会和食品博览会、展销会等经贸活动，寻找商机，促进对美农产品贸易出口。

（2）做好美国农产品市场调研，把握市场需求

搞好市场调研和预测是市场经济条件下农产品经营的前提和必修课。各国农产品贸易政策不断变化，农产品供求关系也会随着变化，必须格外重视市场调查，注重市场信息搜集整理，加强市场分析预测，做好信息收集，及时提供给农民，使农民在适当时机、适当价格出售产品，以获得较高收益；还可以克服盲目性，掌握主动权。只有做好美国农产品市场调研，了解美国农产品进口需求的改变，开发具体的对美农产品市场开发方案，才能紧跟农产品进口市场需求，才能做到有的放矢，提供美国市场所需要的农产品，促进对美农产品出口贸易的增长。

8.2.2　提高中国农产品对美出口竞争力

（1）加强中国政府对农产品出口贸易的支持力度，促进对美农产品出口贸易发展

农业是自我支撑力量最为弱势的产业，因此，农产品的生产和出口离不开政府的支持，不仅发达国家政府如美国、欧盟对农产品出口贸易进行大力支持，给予高度补贴，发展中国家也如此，如印度采取的“农业信贷政策”“鼓励农产品出口政策”等，因此，中国政府部门也应该在 WTO 规则下制定新的农业支持政策，扶持和发展农产品的出口贸易，提高农产品出口的国际

竞争力，从而促进对美农产品出口贸易发展，如建立支持农产品出口的政策体系，增加政府对农业的投入，调整“黄箱”政策的支出方向和支持重点，加大对“绿箱”政策支持力度；完善农业公共服务体系，加强对中国农产品出口的服务与管理，做好对出口农产品市场的调研，了解并定期发布农产品出口指导意见，切实加大对农业贸易促进工作的宏观指导和服务工作力度。此外，还可以为出口企业做好咨询和信息服务、交流培训和宣传推广等公共服务工作。

（2）强化质量安全管理，提升中国对美农产品出口品质

首先，加强农业标准化体系建设。中国农业标准化体系建设还不完善，很多标准还很落后，与美国相比，还有很大差距，因此，应该建立相关农产品标准体系，促使农产品向规范化、标准化、国际化发展。如积极推行 ISO14000 系列标准的认真工作。其次要完善中国农产品质量安全体系，从农产品的种植与养殖、农产品生产加工、流通阶段、消费阶段都应该建立起一套全面的监督管理体系。再次要加强农业科技开发和推广应用，提高农产品的加工程度、附加值，从而提高出口农产品质量，优化农产品贸易结构。

（3）推行农产品差异化战略，展开“错位竞争”

中国与泰国、印尼、印度等发展中国家农产品在美国市场的出口相似程度高，已形成强烈竞争。因此，为避免过度竞争带来两败俱伤，可以推行产品差异化战略，与这些国家展开“错位竞争”。如鼓励特色农产品的出口，特色农产品是指具有一定地域特色的农业产品，它是由于各地自身资源条件不同所造成的，因此具有很大的独特性，在竞争中具有较大的竞争力。中国应优化农业生产结构，促进具有优质特色农产品生产，大力发展特色农产品出口贸易，同时还要改进这些产品的产后处理技术，如加

工、贮存、包装、运输等，全方位提高这些农产品的竞争力。

(4) 优化对美农产品出口商品结构，加快优势农产品的出口增长

优化对美农产品出口商品结构，就是要利用中国农业资源多样性、劳动力资源成本较低等优势，发展果蔬产品、花卉产品、水海产品等这些有竞争力的农产品，加快这些优势农产品的出口增长，促使中国农业由现有产品的全面增长向有竞争力的产品非均衡增长转变，只有这样，农产品出口对外贸易效益才会提高，才能使中国对美国农产品出口贸易得到长期、稳定的发展。

(5) 充分把握美国农产品市场需求，培养重点农产品竞争优势

如前所述，只有充分了解美国农产品市场需求，才能制定好农产品开发及销售计划，才能促进对美农产品贸易发展。因此农产品的开发要以美国市场为导向，针对农产品市场具有多样性和易变性，要密切关注美国农产品市场需求及偏好的变化，对于那些出口增长较快、适销的农产品，要努力培养其竞争优势，如虫胶、树胶、树脂及其他植物液、汁产品；还比如美国市场消费变化趋势表明，绿色有机农产品正越来越受到欢迎，中国可以通过科学规划和技术指导，建立起一批外向型农业生态示范区，支持、鼓励绿色有机农产品的生产，还可以加强环保执法，推行绿色“环境标志”制度等方面培养绿色有机农产品竞争优势。

8.2.3　降低中国对美农产品出口贸易成本

(1) 积极开拓降低农产品贸易成本的途径

政府要积极与贸易伙伴建立更紧密的经贸合作关系，凭借多边贸易体制和双边贸易协定等各种途径，为中国农产品贸易营造宽松而有利的国际环境，以此降低中国农产品的贸易成本，提高

中国农产品的国际竞争力，促进中国农业发展；另一方面，应加快通信、交通等基础设施建设，降低中国农产品的运输成本。

（2）主动应对美国各种贸易壁垒

对于美国的技术贸易壁垒，应从农产品生产标准化入手，依靠科技进步，加快农产品技术创新，同时还要加快建立和完善技术贸易壁垒的预警机制。应对美国的绿色贸易壁垒，要大力发展绿色农产品贸易，发展生态农业，实施农产品绿色战略。对于美国的反倾销，要增强出口企业反倾销观念意识，一旦遭受反倾销调查，要主动应对及时抗辩，并学会利用 WTO 多边争端解决机制，反击对中国的歧视待遇。

（3）发展低碳农业

如果用碳经济的概念衡量，传统农业可以说是一种“高碳农业”。低碳农业是指以生物和环境之间物质循环和能量转化为基本特征，实现石化产品使用减量化、农业废弃物的再利用、再循环，既能遏制温室气体排放影响气候改善环境又能提高经济效益，是可持续农业的有效实现形式。在低碳经济时代，由于发达国家在低碳技术和环境保护技术方面有很大优势，“碳标签”“碳关税”“碳中和”等新的低碳贸易壁垒的实施，将对中国农产品贸易产生不利影响，不但影响中国出口利益、恶化外部环境，而且已经触及到了中国的法律法规、政策措施、体制机制层面，甚至也在挑战中国的核心利益。因此从长远来看，低碳经济要求中国涉农企业调整产品结构，降低能耗，改进技术，通过技术创新、节能减排等手段来达到高碳能源低碳利用，实现出口产品的低碳化，从根本上规避国外的低碳贸易壁垒，如可以培育和壮大中国出口农产品自主低碳品牌、建立强大的低碳产业链、大力推行低碳认证制度等。

参考文献

英文文献

[1] Acemoglu D. Introduction to Modern Economic Growth [M]. Princeton, N J: Princeton University Press 2009: 154—171.

[2] Anderson, J. E. , and Win coop E. V. Trade Costs [J]. Journal of Economics Literature. 2004 (42): 691—751.

[3] Anderson, J. E. , and Win coop E. V. Gravity with Gravitas: A Solution to the Border Puzzle [J]. American Economic Review, 2003 (93): 170—192.

[4] Anjani Kumar. Exports of Livestock Products from India: Performance, Competitiveness and Determinants [J]. Agricultural Economics Research Review, 2010 (1—2): 57—67.

[5] Balassa B. Comparative Advantage, Trade Policy and Economic Development [M]. New York and London, 1965.

[6] Baohui Song, Mary A. Marchant, and Shuang Xu. Competitive Analysis of Chinese Soybean Import Suppliers: U. S. , Brazil, and Argentina [C]. Selected Paper prepared for presentation at the American Agricultural Economics Association Annual Meetings, Long Beach, CA, and July 23—26, 2006.

[7] Bender, Siegfried. Trade and Comparative Advantage of Asia and Latin American Manufactured Export [C]. APEC Study Center Consortium Conference, 2001.

[8] Boyle, GE. The Competitiveness of Irish Agriculture [R].

Report for the Department of Agriculture and Food, The Irish Farmers Journal, Dublin, 2002: 31.

[9] Bashir A. Qasmi, Scott W. Fausti. NAFTA Intra—Industry Trade in Agricultural Food Products [J]. Agribusiness, 2011, 17 (2): 255—271.

[10] Braun Joachim von. Agricultural Economics and Distributional Effects [J]. Agricultural Economics, 2005, 32 (1): 1—20.

[11] Buckley, R. C. and Prescott, and K. Measures of International Competitiveness: A Critical Survey [J]. Journal of Marketing Management, 1988 (4): 175—200.

[12] Christian Fischer and Sebastian Schornberg. Assessing the Competitiveness Situation of EU Food and Drink Manufacturing Industries: An Index - Based Approach [J]. Agribusiness, 2007 (4): 473—495.

[13] Christian Fischer and Sebastian Schonberg. Assessing the Competitiveness Situation of EU Food and Drink Manufacturing Industries: An Index—Based Approach [J]. Agribusiness, 2007 (23): 473—495.

[14] Colin A. Carter, Daniel H. Pick. The J—Curve Effect and the U. S. Agricultural Trade Balance [J]. American Journal of Agricultural Economics, 1988, 71 (3): 712—720.

[15] Edessa Tadesse, Roger White. Cultural Distances a Determinant of Bilateral Trade flows: Do Immigrants Counter the Effect of Cultural Differences? [J]. Applied Economics Letters , 2010, 17 (2): 147—152.

[16] Everett Peterson, Jason Grant, Donna Roberts and Vuko Karov. Evaluating the Trade Restrictiveness of Phytosanitary Measures

on U. S. Fresh Fruit and Vegetable Imports [J]. American Journal of Agricultural Economics, 2013, 95 (4): 842.

[17] Fagerberg Jan, Sollie Gunnar. The Method of Constant Market Shares Analysis Reconsiders [J]. Applied Economics, 1987 (19): 1571—1583.

[18] F. S. Thorne. Analysis of the Competitiveness of Cereal Production in Selected EU Countries [R]. The Paper Prepared For Presentation, 2005, (8): 24—27.

[19] Gianluca Selva. Analysis of the Competitiveness of the Pork Industry in Denmark [R]. Paper Prepared for Presentation at the 99 Seminar of the EAAE. The Future of Rural Europe in the Global Agri—Food System, Copenhagen, Denmark, 2005, (8): 24—27.

[20] Granular Selva. Analysis of the Competitiveness of the Pork Industry in Denmark [C]. Paper Prepared for Presentation at the 99 Seminar of the EAAE. The Future of Rural Europe in the Global Agri—Food System, Copenhagen, Denmark, August 24—27, 2005.

[21] Jacks, D. S. , Christopher, M. M. and Novy, D. Trade Booms, Trade Busts and Trade Costs [J]. Journal of International Economics, 2011, 83 (2): 185—201.

[22] Joseph C. and Salvacruz. Competitiveness of the United States and the ASEAN in the International Agricultural Market [J]. Journal of Food Distribution Research, 1996 (2): 81—89.

[23] Jane L. Hsu &Joyce J. Wann. Competitiveness and Consumer Preferences of US Fruits in Taiwan [C]. Annual Meetings of the American Agricultural Economics Association——Canadian Agricultural Economics Society, USA, August 4—7, 2001.

[24] Jo Wiijnands. The International Competitiveness of Fresh Tomatoes, Peppers and Cucumbers [C]. D. J. Proceeding of the International Congress on Greenhouse Vegetables: The Product Chain of Fresh Tomatoes, Peppers, Cucumbers. ISHS, June 24—25, 2003.

[25] Klaus Forsberg, Monika Hartmann. Comparing Measures of Competitiveness [C]. Institute of Agricultural Development in Central and Eastern Europe (LAMO), in Halle, Germany, 1997.

[26] Korinek, J. and Sourdin, P. Clarifying Trade Cost: Maritime Transport and Its Effect on Agricultural Trade, OECD Trade Policy Working Papers, No. 92, OECD Publishing, 2009.

[27] Krijn. Poppe, Jo H. M. Wijnands, Bernd M. J. vander Meulen and Harry J. Bremmers Struggle for Leadership: The Competitiveness of the EU and US Food Industry [R]. Paper Prepared for Poster Presentation at the American Agricultural Economics, Association Annual meeting, Portland, OR, 2007, (9).

[28] Larry Martin, Randall Western, and Erna van Duren. Agribusiness Competitiveness across National Boundaries [J]. American Journal of Agricultural Economics, 1991, 173 (5): 1456—1464.

[29] Limão, N. and Venables, A. J. Infrastructure, Geographical Disadvantage, Transport Costs and Trade [J]. The World Bank Economic Review, 2001, 15 (3): 451—479.

[30] Lokman Zaibet. Compliance to HACCP and Competitiveness of Oman Fish [J]. Processing, International Food and Agribusiness Management, 2000 (3): 311—321.

[31] Lall. S., Weiss. J. People's Republic of China's Competitive Threat to Latin America: An Analysis for 1990—2002 [R]. ADB Institute Discussion Paper, 2004.

[32] Martin Will, Kym Anderson. Agricultural Trade Reform under the Doha Agenda: Ready for Takeoff? [C]. Invited Paper for the 51st Annual Conference of the Australian Agricultural and Resource Economics Society, Queenstown, New Zealand, 2007.

[33] Marvin Hayenga, David Seim, Mary Jane. Novenario—Reese, Roxanne Clemens, Larry Martin. Global Competitiveness of the U. S. Pork Sector [R]. Staff PaPer#301, Department of Economics Iowa State University, 1998.

[34] Maria Sassi. Agricultural Convergence and Competitiveness in the EU—15 Regions [R]. Contributed Paper Prepared for Presentation at the International Association of Agricultural Economists Conference, Gold Coast, Australia, 2006, (8): 12—18.

[35] Maria Crescimanno, Antonio Galati. The Atlantic Bluff in Tuna Structure and Competitiveness of Italian Fishing in the International Trade [J]. Mediterranean Journal of Economics, Agriculture and Environment, 2012 (1): 58—64.

[36] Martin, L. , Westgren, R. , Duren, E. van. Agribusiness Competitiveness across National Boundaries [J]. American Journal of Agricultural Economic, 2002 (73): 1457—1464.

[37] Miao jie Yu. Trade, Democracy, and the Gravity Equation [J]. Journal of Development Economics, 2010 (1): 289—300.

[38] Min Zhou. Intensification of Geo—Cultural Homophily in Global Trade: Evidence from the Gravity Model [J]. Social Science Research, 2011 (40): 193—209.

[39] Novy. D. Is the Iceberg Melting Less Quickly: International Trade Costs after World War II? [R]. Working Paper, University of Warwick, 2006.

[40] Novy D. Gravity Redub: Measuring International Trade Costs with Panel Data [R]. Working Paper, Warwick University, 2008.

[41] Orden D, Robert Paarl berg and Terry Roe. Policy Reform in American Agriculture: Analysis and Prognosis [M]. Chicago: University of Chicago Press, 1999.

[42] Porter. Clusters and New Economics of Competition [M]. Harvard Business Review, 1998;

[43] Pat Dillon. Future Outlook for the Irish Dairy Industry: A Study of International Competitiveness, Influence of International Trade Reform and Requirement for Change [J]. International Journal of Dairy Technology, 2008 (1): 16—29.

[44] Paul D. Ellis. Paths to Foreign Markets: Does Distance to Market Affect Firm Internationalization [J]. International Business Review, 2007 (16): 573—593.

[45] Rauch J. E. Networks Versus Markets in International Trade [J]. Journal of International Economics, 1999, 48 (1): 7—35.

[46] Rodrikd. Institutions for High Quality Growth: What They Are and How to Acquire Them [J]. Studies in Comparative International Development, 2000, 35 (3): 3—31.

[47] Roger White, Bedassa Tadesse. Cultural Distance and the US Immigrant - trade Link [J]. The World Economy 2008, 31 (8): 1078—1096.

[48] Rose, A. K. One Money, One Market: Estimating the Effect of Common Currencies on Trade [J]. Economic Policy, 2000, 15 (30): 7—46.

[49] Randall D. Schnepf, Erik Dolman, Christine Bolling. Agriculture in Brazil and Argentina: Developments and Prospects for Major Field Crops [R]. Market and Trade Economics Division, Economic Research Service, U. S. Department of Agriculture, Agriculture and Trade Report. 2001 (1—3): 53—55.

[50] Schoot, P. The Relative Sophistication of Chinese Exports. Exports [J]. Economic Policy, 2008, 23 (53): 5—49.

[51] Tyszynski M. World Trade in Manufacturing Commodities 1899—1950 [J]. Manchester School of Economic and Social Studies, 1951 (19): 272—304.

[52] Young, A. The Razor's Edge: Distributions and Incremental Reform in the People's Republic of China [J]. Quarterly Journal of Economics, 2000 (11): 1091—1135.

[53] Zhi wang. China and Taiwan access to the World Trade Organization: implications for U. S. agriculture and trade [J]. Agricultural Economics, 1997, 17 (2—3): 239—264.

[54] Smith A. The Wealth of Nation [M]. London: Methuen & Co. , 1976.

[55] Tinbegen J. Shaping the World Economy: Suggestions for an International Economy Policy [R]. The Teentieth Century Fund, No. 5428, 1962.

[56] Wei, S. Intra—national Versus International Trade: How Stubborn are Nations in Global Integration [R]. NBER Working Paper, 1996.

[57] Westcott Paul C. , J. Michael Price. Analysis of the U. S. Commodity Loan Program with Marketing Loan Provisions, U. S. Department of Agriculture [R]. Economic Research Service Agricultur-

al Economic Report Number 801, 2001.

[58] Yuichiro Uchida, Paul Cook. The Effects of Competition on Technological and Trade Competitiveness A Preliminary Examination [R]. Working Paper Series, Paper No. 72, Centre on Regulation and Competition, Institute for Development Policy and Management, University of Manchester, 2004, (6): 1—34.

中文文献

[1] 关兵. 中国对欧盟农产品出口贸易发展问题研究 [M]. 北京：中国商务出版社，2009.

[2] 王永德. 中国农产品国际竞争力研究：基于中美比较视角 [M]. 北京：中国农业出版社，2009.

[3] 张继民. 美国对华贸易政策决定的因素分析 [D]. 上海：上海社会科学院，2007.

[4] 翟雪玲. 中美农业支持比较研究 [D]. 北京：中国农业大学，2004.

[5] 朱颖. 美国全球自由贸易协定战略 [D]. 上海：上海社会科学院，2007.

[6] 江凌. 技术性贸易壁垒对我国农产品出口贸易影响分析及对策研究 [D]. 重庆：西南大学，2012.

[7] 霍尚一. 中国水果出口贸易影响因素的实证分析 [D]. 杭州：浙江大学，2008.

[8] 齐军领. 时间对国际贸易的影响研究 [D]. 济南：山东大学，2012.

[9] 安江. 低碳经济对中国出口贸易发展的影响研究 [D]. 沈阳：辽宁大学，2012.

[10] 庞守林. 中国主要农产品国际竞争力研究 [D]. 北

京：中国农业大学，2004.

[11] 周孝咏．农产品国际竞争力研究［D］．杭州：浙江大学，1996.

[12] 李春海．WTO框架下中国农产品国际竞争力分析［D］．成都：西南财经大学，2004.

[13] 钟金传．中国大豆产业国际竞争力研究［D］．北京：中国农业大学，2005.

[14] 邱海蓉．基于需求视角的中国茶叶出口贸易研究［D］．武汉：华中农业大学，2009.

[15] 王会强．亚洲金融危机与美国次贷危机对我国出口贸易影响的比较分析［D］．保定：河北大学，2010.

[16] 宋新刚．中美农产品贸易研究［D］．苏州：苏州大学，2005.

[17] 李世兰．中国出口扩张路径模式：二元边际视角的分析与实证［D］．杭州：浙江大学，2011.

[18] 涂元芬．中国贸易成本及其效应的经验分析［D］．南昌：江西财经大学，2010.

[19] 崔超．基于比较优势视角的中国农产品对韩出口贸易：潜力、障碍及战略选择［D］．无锡：江南大学，2009.

[20] 李秋萍．西亚地区柑橘鲜果市场分析及中国出口潜力研究［D］．武汉：华中农业大学，2012.

[21] 张帆．人民币汇率变动对中美农产品贸易的影响分析［D］．长沙：湖南大学，2009.

[22] 马秀丽．中国对日农产品出口贸易问题分析［D］．石家庄：河北师范大学，2012.

[23] 杨莲娜．农业贸易政策改革及对中国与欧盟农产品贸易的影响［D］．北京：中国农业科学院，2007.

[24] 程云. 我国农产品反倾销问题研究 [D]. 青岛：中国海洋大学，2007.

[25] 周灏华. 中国遭受反倾销的影响因素及贸易救济体系研究 [D]. 北京：中国农业大学，2011.

[26] 谢新建. 技术—环境壁垒对我国农产品出口的影响效应与预警机制 [D]. 上海：海洋大学 2010.

[27] 史芳. 基于自由贸易协议的中澳农产品贸易关系研究 [D]. 无锡，江南大学，2008.

[28] 杨庆军. 中国与印度农产品贸易研究 [D]. 宁夏：宁夏大学，2006.

[29] 张洁. 中国与东盟农产品贸易比较研究 [D]. 厦门：厦门大学，2006.

[30] 闫琰. 中国水产品对日本出口贸易研究 [D]. 保定：河北农业大学，2011.

[31] 刘学. 基于区域品牌的安徽省优势农产品发展对策研究 [D]. 合肥：安徽农业大学，2012.

[32] 张时. 我国文化贸易的国际竞争力及影响因素研究 [D]. 苏州：苏州大学，2011.

[33] 郝丽. 蓝色贸易壁垒对我国钢铁行业的负面影响及其对策研究 [D]. 青岛：中国海洋大学，2009.

[34] 杨霞. 中国开拓欧盟苹果市场研究 [D]. 北京：中国农业科学院，2007.

[35] 张清. 中欧农产品产业内贸易分析 [D]. 青岛：中国海洋大学，2010.

[36] 李瑞华. 运输对我国国际货物贸易影响的理论和实证研究 [D]. 青岛：中国海洋大学，2009.

[37] 张佳. 基于 FTA 视角的中国与澳大利亚农产品贸易研

究［D］．北京：中国农业科学院，2008.

［38］梅燕．贸易自由化进程中中国与欧盟农产品贸易发展潜力研究［D］．杭州：浙江大学，2005.

［39］朱海霞．基于引力模型的中美农产品贸易边境效应模型研究［D］．上海：上海交通大学，2008.

［40］周娟．TBT 对我国农产品出口贸易的影响与对策研究［D］．长沙：湖南大学，2005.

［41］柯炳生．提高农产品竞争力：理论、现状与政策建议［J］．农业经济问题，2003（2）：34—39.

［42］帅传敏，程国强，张金隆．中国农产品国际竞争力的估计［J］．管理世界，2003（1）：97—10.

［43］辛毅，李宁．加入 WTO 以来中国主要土地密集型农产品的国际竞争力分析［J］．价格理论与实践，2007（2）：32—33.

［44］屈小博，霍学喜．我国农产品出口结构与竞争力的实证分析［J］．国际贸易问题，2007（3）：9—15.

［45］胡小平，涂文涛．中美两国小麦市场竞争力比较分析［J］．管理世界，2003（9）：89—94.

［46］潘伟光．中韩两国水果业生产成本及价格竞争力的比较——基于苹果、柑橘的分析［J］．国际贸易问题，2005（10）：49—53.

［47］余子鹏．中美农产品国际竞争力比较［J］．改革，2006（1）：66—70.

［48］李岳云，吴澄澄，赵明．入世 5 周年对我国农产品贸易的回顾及国际竞争力变化的研究［J］．国际贸易问题，2007（8）：67—72.

［49］陈建军，肖晨明．中国与东盟主要国家贸易互补性比

较研究 [J]. 世界经济研究, 2004 (8): 22—28.

[50] 程国强. 中国农产品出口: 竞争优势与关键问题 [J]. 农业经济问题, 2005 (5): 18—22.

[51] 程国强. 中国农业面对的国际环境及其趋势 [J]. 中国农村经济, 2005 (1): 4—10.

[52] 杨春艳等. 关于中美农产品贸易结构的实证分析 [J]. 农业技术经济, 2006 (2): 26—32.

[53] 吴国春, 乔桂荣. 中国木质家具出口与国际市场需求结构匹配性研究 [J]. 中国林业经济, 2012 (3): 1—4.

[54] 刘武兵、黄昕炎. 2012 年中国农产品贸易状况 [J]. 世界农业, 2013 (6): 147—150.

[55] Kerr William A., Jill E. Hobbs, 马海燕译. 双边主义——美国贸易政策急剧转变是否意味着农产品贸易将实行自由化 [J]. 经济资料译丛, 2009 (1): 25—30.

[56] 田晖, 蒋辰春. 国家文化距离对国际贸易的影响 [J]. 国际贸易问题, 2012 (3): 45—52.

[57] 谷克鉴. 国际经济学对引力模型的开发与应用 [J]. 世界经济, 2001 (2): 14—25.

[58] 吴丹. 东亚双边进口贸易流量与潜力: 基于贸易引力模型的实证研究 [J]. 国际贸易问题, 2008 (5): 32—36.

[59] 陈学彬, 徐明东. 本次全球金融危机对我国对外贸易影响的定量分析 [J]. 复旦学报 (社会科学版), 2010 (1): 24—33.

[60] 董大朋, 董洪梅. 金融危机对中国出口贸易影响与发展对策分析 [J]. 东北师大学报 (哲学社会科学版), 2010 (2): 187—189.

[61] 胡求光, 李洪英. 金融危机对中国出口贸易影响的实

证分析［J］. 国际贸易问题，2010（9）：3—11.

［62］金洪飞，万兰兰. 国际金融危机对中国出口贸易的影响［J］. 国际金融研究，2011（2）：56—58.

［63］裴平，张倩等. 国际金融危机对我国出口贸易的影响——基于2007—2008年月度数据的实证研究［J］. 金融研究，2009（3）：103—113.

［64］郑宝银，林发勤. 欧洲主权债务危机及其对我国出口贸易的影响［J］. 国际贸易问题，2010（4）：9—16.

［65］全世文，曾寅初. 金融危机和欧债危机对我国进出口贸易的冲击效应——基于含结构变化的单位根检验［J］. 国际贸易问题，2013（2）：143—151.

［66］潘安，魏龙. 制度距离对中国稀土出口贸易的影响——基于18个国家和地区贸易数据的引力模型分析［J］. 国际贸易问题，2012（04）：96—104.

［67］邓明. 制度距离、"示范效应"与中国OFDI的区位分布［J］. 国际贸易问题，2012（2）：123—135.

［68］余淼杰. 中国的贸易自由化与制造业企业生产率［J］. 经济研究，2010（12）：97—110.

［69］张会清，唐海燕. 中国的出口潜力：总量测算、地区分布与前景展望［J］. 国际贸易问题，2012（1）：12—25.

［70］彭可茂，席利卿，彭开丽. 考虑碳排放的中美农产品贸易影响因素研究——基于引力模型的验证［J］. 中国地质大学学报，2012（1）：25—30.

［71］何树全，周静杰，苏青娥. 中国对美国农产品出口增长因素分析——基于恒定市场份额模型的实证分析［J］. 统计与信息论坛，2009（1）：70—75.

［72］陆文聪，梅燕. 中国—欧盟农产品贸易增长的成因：

基于 CMS 模型的实证分析 [J]. 农业经济问题，2007 (12)：15—19.

[73] 杨莲娜. 中国对欧盟农产品出口增长的影响因素分析 [J]. 国际贸易问题，2007 (10)：41—46.

[74] 王红斌，朱再清. 基于 CMS 模型的中国肉类对日本出口变动分析 [J]. 华中农业大学学报（社会科学版），2007 (3)：55—58.

[75] 刘合光等，中国农产品贸易格局与前景展望 [J]. 农业展望，2007 (3)：5—10.

[76] 赵一夫，乔忠，田志宏. 中国农产品出口规模影响因素的实证分析 [J]. 中国农业大学学报，2005 (6)：100—104.

[77] 栾敬东，李靖. 中美农产品贸易增长特征及其成因探析 [J]. 农业技术经济，2006 (2)：33—37.

[78] 宋海英. 人民币汇率变动对我国农产品出口贸易影响的实证分析 [J]. 南京农业大学学报（社会科学版），2005 (5)：40—43.

[79] 李岳云，钟钰，黄军. 中国农产品贸易逆差成因及诱发因素分析 [J]. 国际贸易问题，2005 (11)：35—39.

[80] 孙林，赵慧娥. 中国和东盟农产品贸易波动的实证分析 [J]. 中国农村经济，2004 (7)：46—52.

[81] 李艾宇，田志宏，任爱荣. 中国大陆农产品出口台湾地区的变动分析 [J]. 中国农业大学学报，2004 (5)：88—92.

[82] 孙笑丹. 中国与东盟国家农产品出口结构比较 [J]. 中国农村经济，2003 (7)：49—59.

[83] 帅传敏，程国强，张金隆. 中国农产品国际竞争力的估计 [J]. 管理世界，2003 (1)：97—104.

[84] 陈耀，冯超. 贸易成本、本地关联与产业集群迁移

[J]. 中国工业经济，2008 (3)：76—83.

[85] 方虹，彭博，冯哲，吴俊洁. 国际贸易中双边贸易成本的测度研究——基于改进的引力模型 [J]. 财贸经济，2010 (5)：71—76.

[86] 柳剑平，张兴泉. 产业内贸易、调整成本与中美贸易摩擦 [J]. 经济评论，2009 (4)：114—119.

[87] 裴长洪. 中国贸易政策调整与出口结构变化分析：2006－2008 [J]. 经济研究，2009 (4)：4—16.

[88] 钱学锋，梁琦. 测度中国与 G－7 的双边贸易成本 [J]. 数量经济技术经济研究，2008 (2)：53—62.

[89] 施炳展. 我国与主要贸易伙伴国的贸易成本测定——基于改进的引力模型 [J]. 国际贸易问题，2008 (11)：24—30.

[90] 山丽杰，崔超，吴林海. 国外技术性贸易措施的演化与出口企业增加的符合成本的分析框架：以日本"肯定列表制度"与蔬菜出口企业为例 [J]. 食品工业科技，2010 (1)：415—419.

[91] 许统生，陈瑾，薛智韵. 中国制造业贸易成本的测度 [J]. 中国工业经济，2011 (7)：15—25.

[92] 史耀波，王鸿奇，王锵. 资源环境逆差条件下农产品贸易发展趋势 [J]. 国际经济合作，2012 (1)：14—17.

[93] 刘林青，周潞. 比较优势、FDI 与中国农产品产业国际竞争力——基于全球价值链背景下的思考 [J]. 国际贸易问题，2011 (12)：39—53.

[94] 何树全，张秀霞. 中国对美农产品出口持续时间研究 [J]. 统计研究，2011 (2)：34—38.

[95] 贾彬. 美国对中国农产品贸易壁垒研究 [J]. 世界农业，2012 (8)：30—32.

[96] 张小瑜. 国际农产品贸易发展趋势与特点 [J]. 农业展望, 2008 (9): 13—15.

[97] 陈卫平, 朱述斌. 国外竞争力理论的新发展——迈克尔·波特“钻石模型”的缺陷与改进 [J]. 国际经贸探索, 2012 (3): 30—32.

[98] 陈卫平, 朱述斌. “钻石模型”, 国外竞争力理论的新发展 [J]. 经济前沿, 2002 (5): 4—5.

[99] 陈继勇, 雷欣. 中美农产品贸易收支与人民币兑美元汇率关系研究 [J]. 亚太经济, 2008 (3): 16—19.

[100] 吴建强等. 国际贸易新理论对我国外贸战略的启示 [J]. 当代经济, 2008 (12): 156—157.

[101] 孙瑞玲. 中国现代农业建设的路径与模式选择 [J]. 洛阳师范学院学报, 2008 (2): 163—166.

[102] 张会清等. 中国的出口潜力研究: 总量测算与地区分布 [J]. 经济问题探索, 2012 (2): 155—161.

[103] 全毅等. 国际农产品贸易中技术性贸易壁垒的现状与趋势 [J]. 国际经贸探索, 2005 (1): 72—77.

[104] 张汉林等. 世贸组织农产品贸易争端综述 [J]. 国际贸易问题, 2002 (1): 1—7.

[105] 孔媛等. 中泰农产品贸易竞争性与互补性实证研究 [J]. 甘肃科技, 2010 (19): 144—146.

[106] 张寒等. 中国胶合板贸易波动实证分析 [J]. 世界林业研究, 2008 (2): 71—75.

[107] 池勇海等. 国际贸易基本理论演变述评 [J]. 商业时代, 2010 (11): 43—44.

[108] 杨怡爽. 中印两国商品在美国市场的竞争性分析 [J]. 云南大学学报 (社会科学版), 2006 (6): 52—57.

[109] 杜莉等. 中国、墨西哥与美国高技术产品贸易的比较研究——基于动态转移份额分析方法 [J]. 拉丁美洲研究, 2011 (5): 41—47.

[110] 孙雪峰等. 我国农产品贸易逆差的诱发因素分析 [J]. 现代经济探讨, 2005 (8): 15—18.

[111] 李林等. 农业和农村经济结构调整与政府的指导作用 [J]. 广西农业科学, 2002 (5): 276—277.

[112] 李道和等. 中国茶叶产业国际竞争力实证分析 [J]. 农业技术经济, 2007 (4): 59—63.

[113] 宗成峰等. 我国对美国农产品出口增长及其影响因素分析 [J]. 国际经贸探索, 2007 (114): 4—6.

[114] 陈秋锋等. 我国农产品贸易特征及结构变化趋势分析 [J]. 广东农业科学, 2011 (24): 194—196.

[115] 钟钰等. 中国农产品贸易进口波动因素分析 [J]. 南京农业大学学报 (社会科学版), 2005 (4): 6—10.

[116] 钟钰等. 我国农产品贸易逆差成因及诱发因素分析 [J]. 农业技术经济, 2005 (6): 10—15.

[117] 阿布来提 · 依明. 中国进出口双边贸易成本测度方法比较研究 [J]. 世界经济研究, 2013 (5): 30—35.